ENKI

Saggistica

22

2019 © - Gilgamesh Edizioni
Via Giosuè Carducci, 37 - 46041 Asola (MN)
gilgameshedizioni@gmail.com - www.gilgameshedizioni.com
Tel. 0376/1586414

ISBN 978-88-6867-364-2

Copertina: Progetto di copertina di Dario Bellini.

Marianna Maiorino

IL CANTO DELL'ARCOBALENO: LA SINESTESIA

Gilgamesh Edizioni

Se le porte della percezione fossero purificate,
tutto apparirebbe all'uomo come in effetti è, infinito.

William Blake

Prefazione
di *Alberto Garlini*

La sinestesia è la figura retorica che accosta parole provenienti da ambiti sensoriali diversi. Esempi celebri sono la *I rossa* di Rimbaud e l'urlo nero che ascolta Quasimodo mentre appende le cetre ai salici. Lasciando la poesia sono sinestesie anche frasi comuni come rosso squillante, voce ruvida o profumo dolce. Va da sé che un rosso (vista) non può squillare (udito), una voce (udito) non può essere ruvida (tatto), e tantomeno un profumo (olfatto) può essere dolce (gusto).
Com'è possibile quindi che questi accostamenti ci risultino tanto naturali da trovarli assurdi solo se ci pensiamo?
Il saggio di Marianna Maiorino cerca di dare una risposta, o meglio un ventaglio di risposte, a questa apparente incongruenza tra il pensiero logico razionale e le libere associazioni sensoriali del corpo. Esistono stati mentali che accostano stimoli diversi con naturalezza, a volte riuscendo addirittura a moltiplicare la creatività. Scienza e arte cospirano per trovare una chiave di volta che riconosca e spieghi questa abilità umana.
Vi confesserò che io non sono sinestetico, se una persona mi dice che ho la voce ruvida, mi verrebbe pedantemente da correggerlo; riesco a sopportare una *I rossa* solo se scrive Rimbaud, un poeta meno geniale mi infastidirebbe. Ma vi confesserò anche che questo libro curioso e incuriosito di Marianna Maiorino mi ha costretto a rivedere le mie idiosincrasie. Ormai uno può venirmi vicino e parlarmi di freddo splendore senza che necessariamente mi venga da cambiare stanza.
A parte gli scherzi, credo che questo saggio affronti il tema nell'unico modo possibile. Se la sinestesia è mettere vicino parole che provengono da ambiti sensoriali diversi, Marianna Maiorino esamina questa figura retorica con un approccio

multidisciplinare, dalle neuroscienze, alla poesia, all'esoterismo, alla storia dell'arte, alla musicologia. Quasi nulla sfugge al suo occhio interrogante, che accosta concetti, ne propone altri, per arrivare a un'arricchente visione d'insieme. Non esiste una sola risposta o una sola forma di sinestesia, ma tante forme e risposte quante sono le sue manifestazioni, che intrigano per andare ancora più a fondo nel mistero dell'umano e della coscienza. Noi non siamo solo il nostro cervello, sembra suggerirci Marianna Maiorino, ma siamo anche quella voce di fondo, incondizionata, che gioca liberamente con i sensi e che liberamente crea il mondo che ci sta intorno.

Presentazione

Per muoversi nello spazio e nel tempo, l'uomo, per qualche ragione ancora misteriosa (considerate che tuttora non sappiamo se siamo stati creati o se siamo solo il frutto di tanti straordinari casi, quasi incredibili), è stato dotato, diciamo così, di un sistema sensoriale costituito da forme di percezione differenti. Quante? Quali? Anche questo è un dato pieno di incertezza e in continuo cambiamento. Un tempo, si pensava che i sensi fossero solo cinque: udito, vista, olfatto, tatto e gusto. Oggi, questo elenco non è più considerato esaustivo e le forme di percezione riconosciute sono di numero ben più elevato, anche se non c'è conformità di giudizio sul numero effettivo. Così, alcuni scienziati affermano che i sensi siano nove, altri dodici e altri ancora addirittura arrivano a contarne ben ventuno. Quelli sui quali c'è un accordo pressoché unanime, oltre ai cinque noti, sono: il senso del calore, del movimento, del dolore e della coscienza corporale (che concerne la capacità di sentire dove siano le parti del corpo anche senza vederle). Inoltre, alcuni, ma anche in questo caso non c'è accordo a riguardo, parlano di senso della sete e della fame, nonché di senso dell'Io.

Ma non è questo il punto su cui voglio soffermarmi. Tra l'altro, gli studi su come funzioni la percezione umana, seppur facciano sempre più progressi, sono ancor ben lontani dal poter spiegare definitivamente il funzionamento del cervello umano rispetto all'elaborazione dei dati sensoriali, quindi sarebbe comunque un lavoro inesatto in quanto parziale. La mia riflessione si posa su un altro argomento e si propone di essere solo uno spunto per iniziare a fare i conti col fatto che alcuni sensi, nello specifico la vista e l'udito, non solo possono essere attivati simultaneamente, ma che da questo fatto possa derivarne per l'uomo una maggiore capacità di leggere la realtà, nonché la stessa capacità creativa. Quest'ultima, e arrivo al punto, ipotizzo possa essere frutto di un diverso modo di funzionare del cervello, e che proprio questa diversità determini in alcuni individui una particolarissima sensibilità.

Questo "diverso modo", quindi, potrebbe consistere nell'attivazione simultanea di zone del cervello preposte a letture sensoriali differenti: in una parola, "sinestesia", cioè la capacità di "sentire insieme". È dimostrato che uno stimolo sensoriale, normalmente riconducibile a un solo organo percettivo (ad esempio il colore con la vista), possa in realtà attivare contemporaneamente anche un altro senso, ad esempio l'udito. Questa modalità di percezione è oggi confermata dalla neurologia, che sta cercando di comprendere meglio il fenomeno dedicandovi molte ricerche; e speriamo che riesca a farvi luce, anche perché il nostro cervello è ancora un organo troppo misterioso per una civiltà che si definisce evoluta.

La scoperta della sinestesia mi ha spinto a iniziare questo lavoro e, come spesso capita, il movimento è stato messo in moto dalla curiosità e quindi da alcune domande, anche un po' bizzarre, tipo: come sarebbe il nostro mondo se gli occhi potessero ascoltare e se le orecchie potessero vedere? Perché abbiamo cellule olfattive nel sangue, nel cuore e nei polmoni?[1] Se potessimo avere percezioni sinestesiche con tutti i sensi, cambierebbe il nostro modo di valutare il mondo? E se dall'attivazione della percezione sinestesica arrivassimo a scoprire che alcune forme di percezione, per il momento riconosciute solo agli animali, come la capacità di rilevare i campi elettrici o i campi magnetici, fossero proprie anche dell'essere umano ma ancora dormienti?[2] Se in noi fossero presenti e attivabili in

[1] La scoperta è frutto del lavoro di un'équipe di ricercatori guidata da Peter Schieberle, dell'Università tecnica di Monaco. Uno studio successivo, pubblicato sul «Journal of Investigative Dermatology» e condotto dalla dottoressa Daniela Busse, ha messo in luce che ci sono cinque diversi tipi di recettori olfattivi sull'epidermide umana.

[2] Alla fine della stesura di questo libro, è stato pubblicato uno studio condotto da Joe Kirschvink, geofisico del California Institute of Technology,

qualche modo tutte le capacità sensoriali degli animali, e (perché no?) anche quelle dei vegetali?

Ma procediamo per ordine. Innanzitutto, quando e in che modo si è iniziato a parlare di sinestesia? Sembra che tutto abbia avuto inizio grazie a un dibattito filosofico avviato dallo studioso irlandese William Molyneux alla fine del secolo XVII, che, turbato dalla cecità della moglie, si pose una domanda: "Se un cieco alla nascita recuperasse ad un tratto la vista, sarebbe in grado di riconoscere una sfera da un cubo senza usare il tatto?". Questa stessa domanda la girò poi all'amico Locke, dando in questo modo inizio a una ricerca che, dalla filosofia, è poi traslata, passando prima per la psicologia, nella sfera d'azione della neurologia. Oggi, gli studi sulla sinestesia, che resta ancora un fenomeno poco chiaro, stanno comunque mettendo in luce caratteristiche mai osservate prima sul funzionamento del nostro cervello, grande e sofisticata centrale operativa che elabora tutte le nostre percezioni.

Tenete a mente che ad oggi i sensi sono sempre stati considerati sistemi percettivi parziali, trascurando il fatto, a mio avviso, che essi sono stati creati in funzione di una medesima finalità, vale a dire la lettura della realtà: sono quindi tutti uniti, se non altro, dal fine cui tendono. Ciò premesso, è possibile ipotizzare che ci sia un nesso, un legame, una linea sottile che faccia comunicare i sensi tra loro, ma che non sia ancora stata individuata dalla scienza. Il dato certo è che ad oggi alcuni individui hanno percezioni sinestesiche. Inoltre, sappiamo che i sensi sono percepiti in aree precise del cervello: la vista è di competenza del lobo occipitale, mentre l'udito di quello temporale. Tuttavia i confini non sono così netti. Ci sono infatti

pubblicato sul «Journal Nature Communications», che afferma proprio la capacità dell'essere umano di rilevare i campi magnetici grazie a una proteina presente nella retina: E. HAND, *Maverick scientist thinks he has discovered a magnetic sixth sense in humans*, 23 giugno 2016, in http://www.sciencemag.org/news/2016/06/maverick-scientist-thinks-he-has-discovered-magnetic-sixth-sense-humans.

connessioni ancora non chiare tra aree del cervello, sicché uno stimolo, che di norma ne attiva solo una parte, in alcuni individui ne innesca contemporaneamente anche un'altra. Inoltre, particolarità molto interessante, questi rapporti sinestesici tra stimolo e attivazione sembrano essere maggiormente presenti in individui che da sempre sono definiti "più sensibili", gli artisti: pittori, musicisti, poeti e scrittori. Tra l'altro, il fenomeno sinestesico di cui stiamo parlando, che esiste in diverse varianti (suono-colore, grafema-colore eccetera), è sempre esistito, solo che in passato, prima che la scienza lo riconoscesse, aveva altri nomi (e ovviamente un diverso valore). Nei casi peggiori era chiamato follia, nei migliori sensibilità spiccata, in altri intuito (spesso come attributo prettamente femminile), in altri ancora ispirazione, intesa come quell'elemento mistico e forse divino che guidava gli artisti nel dar vita alle loro opere. Oggi invece possiamo dire che si tratta "solo" di una capacità percettiva ampliata. Ricordo anche che sia l'intuizione, sia la creatività degli artisti sono qualità che interessano la parte destra del cervello, quella in cui si trovano «le sedi di tutto ciò che per noi non è numerabile: dei sentimenti, dell'ispirazione, del senso dei colori, dei contenuti delle forme ecc. ecc. Per l'emisfero destro tutto è semplicemente tutto»[3]. Questa affermazione altro non è che una dichiarazione di quanto stiamo supponendo, e cioè che dal cervello (destro) tutto viene letto in modo sinestesico. Se così fosse, potrebbe anche essere, guardando a ritroso il fenomeno, che le forme retoriche usate da poeti e da pittori siano state suggerite proprio da questo modo (più completo?) di leggere la realtà e quindi di usare il cervello. Mi chiedo quindi: potrebbe essere proprio questo diverso funzionamento del cervello ad aver indotto Giuseppe Ungaretti a scrivere: «Agli **abbagli che squillano** dai vetri...» (*Giorno per giorno*, *Il Dolore*); a Giovanni Pascoli: «E tu, Cielo, dall'alto dei

[3] I. SIBALDI, *Vocabolario. Le parole dei mondi più grandi*, Bellaria, Anima edizioni, 2009, pp. 217-218.

mondi/sereni, infinito, immortale,/oh! d'un **pianto di stelle** lo inondi/quest'atomo opaco del Male!» (*X agosto*); a Giacomo Leopardi: «**Dolce e chiara** è la notte e senza vento» (*La sera del dì di festa*); e ancora, a Dante Alighieri: «[...] a poco a poco/mi ripigneva là dove **'l sol tace**.» (*Divina Commedia*, *Inferno*, canto I)? Ancora oggi, ritroviamo questa figura retorica (la sinestesia) sia in poesia che in varie canzoni; pensiamo a *Caruso* di Lucio Dalla: «**Poi si schiarisce la voce**/e ricomincia il canto», oppure a *Cerco* di Rino Gaetano: «E al mattino al mio risveglio cerco in cielo gli aironi/e **il profumo bianco** del giglio».

Quindi mi chiedo ancora: erano solo parole di un artista visionario, o Kandinskij aveva ragione quando scriveva che «il rosso evoca lo squillo di una tromba, il viola il suono del corno inglese, delle zampogne, e quando profondo, al registro grave dei legni»?[4] Che cosa ha spinto il grande pittore russo ad associare a ogni strumento un colore? Perché il musicista Olivier Messiaen riteneva che il colore fosse lo spazio visuale della musica?[5] Perché Pitagora, Aristotele, l'Arcimboldi, Leonardo da Vinci, Schopenhauer, Goethe, Castel, Kant, Eulero, Luigi Veronesi, Rol, Helena Blavatsky, e molti altri ancora hanno dedicato gran parte delle loro riflessioni a esplorare queste entità? Perché colore e suono, sia separatamente che insieme, hanno da sempre incuriosito così tanto l'uomo? C'è forse qualcosa dentro di noi che brama di essere scoperto e ci spinge in tutti i modi a indagare il mondo delle percezioni per essere trovato? E se l'ispirazione degli artisti fosse una forma di intelligenza determinata (anche) dalla capacità sinestesica?

Ho fin qui posto solo una cascata di domande che, come piccoli gradini di una scala (cromatica musicale o dei colori), le une dopo le altre potrebbero però portare alla soluzione del mi-

---

[4] V. Kandinskij, *Lo spirituale nell'arte*, Milano, SE, 2005, p. 71.

[5] R. Pozzi, *Il suono dell'estasi: Olivier Messiaen dal Banquet céleste alla Turangalîla-symphonie*, Lucca, Libreria musicale italiana, 2007.

stero. Gli artisti hanno sempre avuto un ruolo fondamentale nella storia dell'umanità, anche se quasi sempre riconosciuto a posteriori, perché erano spesso in anticipo rispetto ai loro contemporanei e questo li rendeva incomprensibili ai loro occhi. Erano (e sono) strani, davano valore a cose diverse da quelle comuni, e solitamente la loro sensibilità "spiccata" si manifestava anche con un carattere difficile: non è inusuale leggere biografie di questi illustri personaggi con pessimi caratteri e grandi fragilità. Spesso, poi, in particolare i poeti, erano considerati veri e propri veggenti, e per questo chiamati con l'appellativo di *vati*. «Io dico che bisogna esser veggente, farsi veggente. Il Poeta si fa veggente attraverso un lungo, immenso, ragionato disordine di tutti i sensi»: sono le parole di Arthur Rimbaud che troviamo scritte nella *Lettera del Veggente* e che ben mettono in relazione la veggenza e i sensi. Già, Rimbaud ha scritto proprio «ragionato disordine di tutti i sensi», quindi suggerisce di usarli tutti ma in modo diverso da quello noto, ordinato e forse ordinario; con l'espressione «ragionato disordine» vuol segnalare di usarli in modo diverso da quello consueto, ma seguendo una logica. Quest'affermazione del giovane poeta francese è un bell'indizio da tenere a mente nella nostra ricerca.

Arrivo così alla parola *vate*. Essa ha origini molto lontane nel tempo. Per i celti, ad esempio, il *vate* era un uomo sapiente, con poteri taumaturgici e appartenente alla classe sacerdotale così come il *bardo*, il *druido* e il *fili*. Anche secondo la concezione latina, il *poeta-vates* era un uomo divinamente ispirato, profetico, capace di guidare la comunità. Il termine viene poi recuperato nel Romanticismo e lo troviamo accanto ai grandi nomi della poesia, quali Leopardi, Foscolo, Goethe e Pascoli. Certo non ha più, in questo contesto, alcun legame con la classe sacerdotale e la funzione misterica all'interno della comunità, tuttavia, leggendo le parole di Pascoli, il poeta è definito proprio «un musico, un sensitivo, un preveggente capace di entrare in rapporto con il mistero profondo delle cose per vie intuitive, per percezioni arazionali». Ecco il vate, il poeta ha ancora la stessa funzione, è colui che vede oltre, percorrendo «vie intuitive [e] percezioni arazionali». Questo è un altro riferimento a un uso fuori dai canoni dei sensi, a un uso "arazionale" appunto. Nel *Fanciullino*, sempre in riferimento alla figura del poeta, Pascoli scrive ancora:

> Egli è quello, dunque, che ha paura del buio, perché al buio vede o crede di vedere; quello che alla luce sogna o sembra sognare ricordando cose non vedute mai; quello che parla alle bestie, agli alberi, ai sassi, alle nuvole, alle stelle: che popola l'ombra di fantasmi e il cielo di dèi. Egli è quello che piange e ride senza perché, di cose che sfuggono ai nostri sensi e alla nostra ragione.

Come leggiamo, Pascoli ribadisce il concetto: poeta è colui che non si lascia ingabbiare dai sensi (come noi li intendiamo comunemente) e va oltre la ragione, superando lo schema di pensiero conosciuto.

Del resto, il termine *vate* non era usato a caso, i poeti sapevano bene che esso deriva dal latino *vates* e significa proprio veggente e profeta. Il termine alle origini si riferiva infatti agli indovini, che erano soliti svelare le loro visioni componendo versi. Perché? Una ragione può risiedere nel fatto che quello che vedevano con l'occhio della mente, entrando nell'altra dimensione, era difficile poi da riferire con il linguaggio normale. Le visioni spesso sono immagini che attingono dall'universo simbolico degli archetipi, tipici del mondo dei veggenti. Tradurre un archetipo in parola è impossibile. Si finirebbe sempre per sminuire, comprimere il significato col rischio del fraintendimento, cogliere solo una minima parte del significato deformandone l'essenza. È un po' come voler inserire un pezzo di cielo in un bicchiere. Sì, c'è l'aria, la stessa aria che c'è in cielo, ma senza l'immensità. Di fronte a questo ostacolo insormontabile, l'unica alternativa dei veggenti, l'unica offerta dalle forme linguistiche nel mondo ordinario, è appunto la poesia, coi suoi versi e le sue licenze, che permettevano loro di valicare l'ordinario senza dover dare tante spiegazioni, rispettando alcune regole, per intingere il pennino direttamente nell'infinito. Quali regole? Prima dell'avvento del verso libero, ogni verso doveva essere costruito seguendo dei criteri, a partire dal numero delle sillabe, all'accentazione, alla rima[6]. E ovviamente alla scelta accurata, meticolosa, oserei dire scientifica, della parola. Sicché misura, ritmo e parola erano tre elementi fondamentali del verso, che a sua volta era l'unità minima necessaria e sufficiente per creare una poesia. Ma fermiamoci un attimo: cosa significa la parola poesia? Dal greco *poiésis,* deriva dal verbo *poiéin*, che vuol dire "fare, comporre, produrre". E, se cerchiamo nei miti, l'arte di comporre poesie era spesso un dono degli dèi. Nel mito norreno, ci svela Tom Cowan[7]:

> le divinità bevevano il sacro idromele dell'ispirazione poetica, una potente pozione ricavata dal sangue di Kvasir, un saggio in possesso della totalità della conoscenza, mescolato con il miele.

Tre gocce cadute dal calderone dell'ispirazione di Cerridwen donarono a Taliesin la conoscenza e l'arte poetica. «Nel caso degli sciamani il dono della poesia proviene invece dal viaggio nell'altro Mondo e dallo stretto rapporto con gli spiriti guida»[8]. Nella mitologia irlandese, i Fianna, dèi guerrieri al servizio del Supremo, per diventare tali dovevano superare prove fisiche

---

[6] P. Beltrami, *Gli strumenti della poesia*, Bologna, il Mulino, 2002, p. 19.

[7] T. Cowan, *Il fuoco nella testa: uno studio sullo sciamanismo celtico*, Latina, Crisalide, 2006.

[8] Ibidem.

durissime, che però non erano sufficienti; dovevano infatti anche dimostrare di essere poeti: perché? Perché nel mito norreno questi guerrieri si trovavano spesso a dover andare in dimensioni fatate, in mondi altri, nei quali la parola assumeva un valore potente e l'incantesimo era un'arma tanto quanto la spada. Senza l'arte della poesia non sarebbero mai sopravvissuti nell'altrove. Aspetto, questo, molto interessante.

Una caratteristica della poesia, se torniamo alla sua definizione, è quella di legare il significato semantico delle parole al suono dei fonemi, riuscendo in tal modo a essere più incisiva, a penetrare maggiormente nell'animo. Se ricordate, infatti, le poesie più antiche, i primi componimenti erano solo versi cantati, che si tramandavano oralmente, e, in seguito, anche molto dopo l'avvento della scrittura, permase l'uso di recitare e cantare i versi. Così come, ad esempio, accadeva nelle corti medievali, dove menestrelli e giullari suonavano e raccontavano le loro storie, sempre in versi e sempre con l'accompagnamento musicale. Qui mi fermo un momento, perché in questa ricerca ho scoperto che giullari e sciamani avevano molte cose in comune, a partire da un antenato: il *trickster*. Quest'ultimo appartiene alla cultura celtica, ma in realtà la figura è simile per attributi e capacità ad altre divinità, quali Odino ed Hermes, nonché al Matto dei tarocchi e, come vedremo tra poco, anche ad Arlecchino. Come sempre, partiamo dalla parola: *trickster* vuol dire imbroglione, e nella mitologia è l'imbroglione divino. Ma la parola "imbrogliare" va esaminata attentamente per essere compresa: così sono andata a vedere cosa significa e per farlo ne ho ricercato l'etimo, perché solo lì ci sono i significati puri delle parole, tutti gli altri non sono che adattamenti all'uso che, a mio avviso, portano spesso fuori strada. Ho così scoperto che *broglio* deriva dal provenzale *broills*, che vuol dire bosco, selva, luoghi pieni di pericoli in cui ci si perde... per poi ritrovarsi. Sono, in altri termini, luoghi iniziatici: basti pensare ai boschi delle favole o alla ben nota selva oscura dantesca. L'ingresso nela selva è un inizio verso nuove scoperte di sé e del mondo, e non si programma di accedervi, vi si entra solo grazie a un trucco, uno sgambetto che compie la divinità per farci fare un salto in un'altra dimensione. Figura ponte tra il bene e il male, il *trickster* era facilmente riconoscibile dall'abbigliamento: era infatti vestito con colori sgargianti, indossava un cappello a punta (lo stesso che poi ritroviamo in testa ai maghi: vi ricordate Mago Merlino?, e anche sul capo delle streghe) e, a completamento dell'abito, aveva sonagli e bastone. Colore e suono, come vedete, sono compresenti e sono elementi che caratterizzano sia il giullare che lo sciamano. Ma non sono prerogative pagane: basti ricordare che anche nella *Bibbia* Giuseppe, figlio di Giacobbe, era vestito allo stesso modo e aveva come dono quello di interpretare i sogni, che è una delle facoltà degli sciamani. E arriviamo ora al nostro Arlecchino: anche lui, col suo abito e il suo atteggiamento, appartiene a questa "famiglia". Così come vi appartiene anche il giullare di corte. Quello che sto cercando di dire è che il *trickster* è una figura onnipresente nella cultura dei popoli. E, in tutti i casi, a caratterizzarlo, oltre all'abito, erano l'atteggiamento irriverente, fuori dagli schemi, e la follia. Per gli antichi, folli erano proprio i poeti e i veggenti; questo perché la follia non era intesa affatto come una malattia, bensì indicava persone in contatto col divino, capaci di visitare altri mondi, la follia indicava il loro essere fuori dall'ordinario. I poeti non erano allineati al pensiero comune, perché vivevano nella dimensione da dove tutto scaturisce, attingendo all'origine di tutte le cose. I folli poeti erano esseri spiritualmente liberi, di una libertà così assoluta da essere scambiata per follia. E la funzione del poeta era (e dovrebbe esserlo ancora) quella di unire due mondi: quello limitato, conosciuto dall'uomo, e quello immenso, rappresentato dalla selva, che gli è ancora sconosciuto e che per questo gli incute terrore. Ricapitolando, le figure legate al *trickster* sono il poeta, il giullare, l'Arlecchino, lo sciamano, e anche il menestrello, conosciuto nella cultura nordica come *gleen man*: anche a lui erano sempre riconosciuti poteri paranormali, e forse c'è un nesso tra lui e la misteriosa figura del *green man*, il famoso "uomo verde".

Insomma, una volta il poeta era un uomo fuori dal comune, che conosceva le regole di questo mondo ma non se ne curava, non gli appartenevano; egli veniva da un'altra dimensione, conosceva la verità e cercava di comunicarla attraverso la poesia; la poesia allora era una cosa seria. Oggi, il poeta così inteso (un iniziato che vede e conosce nella stessa misura due dimensioni e le mette in comunicazione fra loro) è quasi estinto, sebbene molti scrivano poesie e pensino (a torto) di farlo anche bene. La potenza del poeta e l'importanza della poesia la recupereremo solo se facciamo un balzo indietro alle origini di quest'arte, dove è custodito ancora il suo valore: se i poetastri che ci sono oggi in giro ne fossero a conoscenza, si vergognerebbero di autodefinirsi poeti.

In questo lavoro, la figura del poeta e dell'artista *tout court* sono centrali. Ciò che più mi incuriosisce è indagare cosa li rende così diversi dall'uomo comune, cosa permette alla loro arte di trascendere l'estetica diventando ponte, unione di due mondi, veggenza. Secondo me, c'entra (anche) la sinestesia. Secondo me, questi individui sono spontaneamente capaci di sfruttare al meglio le potenzialità del cervello, forse sono biologicamente predestinati a portare in questa realtà ciò che vedono nell'altra. Questo spiegherebbe forse perché scrittori come Jules Verne (1828-1905)[9] e registi come Gene Roddenberry (1921-1991), l'ideatore di *Star Trek*[10], abbiano anticipato

[9] Jules Verne, in *Ventimila leghe sotto i mari,* fa viaggiare Nemo su un grande sottomarino elettrico, il *Nautilus*, che è molto simile all'attuale *Alvin*; nella stessa opera, Verne descrive armi elettriche identiche alle attuali *Taser*. Nel racconto *La giornata di un giornalista americano nel 2890*, composto nel 1889, Verne invece anticipava il giornale radio e il fonotelefono, cioè il video telefono.

[10] In *Star Trek*, serie televisiva che risale al 1966, è anticipata l'invenzione

scoperte che la scienza ha elaborato solo molti anni dopo.

Certo, questa è solo una ipotesi, prove non ne ho. Ma ho molti elementi da mostrarvi e su cui potremmo riflettere insieme circa il valore di una percezione differente. Cercherò di spiegare perché suoni e colori sono una presenza costante nella magia e nei riti tribali, e indicherò anche dov'è arrivata la scienza oggi circa la comprensione dei poteri del colore (o, se preferite, delle onde elettromagnetiche), e del suono (o delle onde soniche).

---

dei computer palmari e quella dei tablet-pc.

1.
Suono e colore: strumenti di magia nelle culture antiche

Colori e suoni fin dall'antichità sono stati considerati elementi misteriosi, di natura divina, e ritenuti veri e propri strumenti di magia. Iniziamo proprio da questa parola, "magia": essa, nelle lingue germaniche, è tradotta in *Zauber* (probabilmente da *tabaron*), in olandese in *toverij* e in inglese antico in *teafor*, e tutti questi vocaboli sembrano avere un'origine comune in una parola che significa "ocra rossa". Diversamente, nelle lingue neolatine il termine proviene dal greco *mageìa*, che significa "incantare" e che è legata alla figura del poeta ma anche del *magos*, e i magi erano i sacerdoti persiani, conosciuti anche col nome di "sacerdoti del fuoco" perché la loro funzione principale era quella di purificare (le altre erano l'evocazione di spiriti e defunti, la divinazione e la taumaturgia). Colore e suono sono quindi legati indissolubilmente alla magia già nei termini linguistici che li definiscono, e sono anche gli strumenti attraverso i quali vengono compiute le magie, che permettono di dominare le forze occulte e di piegarle al proprio servizio.

Il colore, ad esempio, è sempre stato un elemento fondamentale nei riti magici, e ciascun colore era usato in base alla specifica funzione che gli era riconosciuta (il rosso per amore e protezione, il verde per fertilità, il blu per mettersi in contatto con gli dèi). Anche nella cristalloterapia, i cristalli, sia che vengano utilizzati con finalità terapeutiche che come amuleti, devono i loro poteri in gran parte al colore che li caratterizza. E ancora, nell'esecuzione dei riti spesso si usano candele, il cui colore è scelto proprio a seconda dello scopo che il rito si prefigge di ottenere. Anche nell'arte divinatoria il colore è importante. Ad esempio, l'alfabeto runico, il *fuþark* usato dalle popolazioni germaniche quali i vichinghi e i goti, era composto da ventiquattro segni chiamati rune (da *run*, che significava mistero e segreto). Le rune, oggi note per il loro impiego divinatorio, erano considerate sorgenti magiche di ogni potere e sapienza e, arrivando al punto che ci interessa, il loro colore per avere proprietà magiche doveva essere il rosso.

Nella cultura celtica, ci sono anche molteplici riferimenti al potere della parola. Considerate che le parole sono al contempo segni e suoni. I druidi erano convinti che con esse si potessero realizzare veri e propri sortilegi: ritenevano che le parole potessero agire non solo sulla mente umana, muovendo gli individui a loro piacimento, ma addirittura anche sugli oggetti esterni, persuasi che tutto l'universo, spirito o materia, fosse energia vibratoria, della quale loro stessi facevano parte. Gli egizi suggerivano, per renderle più efficaci, di scrivere le parole delle formule magiche con colori specifici, e naturalmente, come avrete già intuito, il colore era scelto in base alle finalità che si volevano raggiungere.

Anche il famoso Paracelso (1493-1591) riconosceva alle parole un ruolo significativo. Egli infatti, nelle sue riflessioni sulla magia, affermava che le parole hanno un potere occulto:

> ... la virtù segreta della parola non differisce da quella insita nelle piante medicinali: la guarigione è quindi possibile ricorrendo al solo mezzo verbale. L'incantesimo, lo scongiuro e la formula hanno un'efficacia reale... Il pensiero è fratello della parola in quanto tutti e due nascono dalla mente, anzi «non vi è parola senza pensiero e pensiero senza parola».

Paracelso sosteneva che tutto vibra, che la materia è soggetta a una vibrazione continua pur apparendo morta agli occhi dei profani. E questa vibrazione avveniva al ritmo impartito dalla Grande Madre che, senza mai stancarsi, fecondava la terra con un moto continuo, incessante. Molti secoli più tardi, giungeva alla medesima conclusione anche Ilya Prigogine (1917-2003), fisico e chimico russo naturalizzato belga, premio Nobel nel 1977 per la chimica, che constatò come la materia, che riteneva inizialmente inerte, «in realtà era tutta vivente e che la trama di questa materia continuava intelligentemente anche nel presunto post-vivente».

Tutto vibra, già, anche la parola, che è segno, significato, e, appunto, anche suono. E il suono associato al significato può compiere magie. La cultura greca dà dimostrazione di quanto sto scrivendo, con la figura della maga Circe che col suo canto era in grado di plasmare e di creare ciò che voleva. La dea cantando in-canta e induce gli altri a compiere la sua volontà. Così come il mago Ismeno, personaggio della *Gerusalemme Liberata* di Torquato Tasso, che, proprio con i canti goetici, protegge Gerusalemme dai cristiani:

Ismen che al suon de' mormoranti carmi,
sin ne la reggia sua Pluton spaventa,
e i suoi demon ne gli empi uffici impiega
pur come servi, e gli discioglie e lega.[11]

E ancora, il potere del canto (e della musica) è ben consacrato nel *Flauto magico* di Mozart, opera intrisa di significati esoterici e nella quale il flauto è lo strumento che permette al protagonista Tamino «... di trasformare le passioni degli uomini./L'uomo triste diventerà allegro,/il misogino sarà vinto dall'amore»[12].

Scrittori e musicisti ci indicano chiaramente la relazione tra musica e magia. Ma non solo loro. Altri esempi di questo binomio li incontriamo nella figura dello sciamano che, per met-

[11] T. Tasso, *Gerusalemme liberata*, canto II, vv. 5-8.

[12] W. A. Mozart, *Il flauto magico*, 1791: atto I, scena VIII; M. Maiorino, *La saggezza dei colori*, ed. Lulu.

tersi in contatto con la divinità e con gli spiriti al fine di ottenere il rimedio medicamentoso, usa il suono della voce, dei tamburi e dei sonagli, perché la musica lo accompagna nella *trance*. Al riguardo, il ricercatore americano Andrew Neher ha affermato che il "mistero" degli effetti del tamburo sulla *trance* è da ricercarsi nell'azione neurofisiologica dei suoni di questo strumento, e molti etnologi ed etnomusicologi danno attualmente per scontata questa teoria. Diversamente, Gilbert Rouget, alla luce dei dati da lui raccolti, ha dichiarato che non esiste alcun mistero:

> Se ve ne è uno, questo risiede nella *trance* stessa, come fatto di coscienza... nell'onnipotenza di un certo incontro dell'emozione e dell'immaginario. È da qui che nasce la *trance*. La musica non fa che socializzarla e permetterle di esprimersi.

Un'affermazione, questa di Rouget, a mio avviso suggestiva, ma per niente chiara. Cosa crea l'emozione? E cosa determina l'incontro tra emozione e immaginario, perché questo incontro è onnipotente?

Sul potere della musica sulla psiche dirò più avanti. Qui voglio ancora ricordare solo una cosa. In alcuni paesini del Sud Italia, i guaritori ricorrevano ad esempio a determinate musiche per liberare chi era stato morso dalla tarantola. A questo scopo in Puglia si suonava la "pizzica", meglio definita "tarantata". Questa musica, per essere efficace, doveva essere eseguita per diversi giorni da piccole orchestre, nelle quali gli strumenti principali erano (e sono) il tamburello e il violino. Con l'avvento del cristianesimo, questo rito di guarigione pagano è riuscito a sopravvivere tramite la figura di San Paolo, che è diventato il protettore delle tarantate; il rito si è trasformato però in un esorcismo che si poteva compiere solo nella chiesa dedicata al santo. Oggi, queste musiche sono ancora suonate e fanno parte della tradizione musicale non solo pugliese, avendo ispirato molti musicisti che le hanno portate alla ribalta nazionale[13].

Finora, in questo capitolo, ho parlato del colore e del suono e ho cercato di mostrarvi come entrambi sono considerati non solo gli attributi, ma l'essenza stessa della magia. È arrivato però il momento di chiederci il perché. Cosa ha spinto sin dall'inizio l'uomo a riconoscere in essi dei poteri specifici? E perché li combinavano insieme secondo modalità prestabilite – oggi diremmo seguendo un protocollo – a seconda dello scopo che volevano raggiungere? E come mai quei significati corrispondono a quelli accertati successivamente sia a livello psicologico che biologico? Gli antichi vedevano qualcosa che oggi ci sfugge o semplicemente sono stati, nella loro ignoranza e superstizione, fortunati, indovinando le corrispondenze? E ancora: c'è, e se sì, qual è il legame tra le vibrazioni sonore e quelle di luce? È plausibile supporre che ci sia una relazione o una forma di interazione-comunicazione di queste due vibrazioni tra loro? In passato, molti filosofi, artisti, matematici, come Leonardo da Vinci, Louis Bertrand Castel, Eulero, Goethe, Kandinskij e anche il più vicino a noi Luigi Veronesi, erano convinti dell'esistenza di questo legame e hanno cercato di scoprirlo. E infine, sull'esistenza di questa *liaison* suono-colore, non manca una testimonianza bizzarra ma sicuramente intrigante. Il famoso sensitivo Gustavo Adolfo Rol, il 28 luglio 1927, scriveva sul suo diario personale: «Ho scoperto la tremenda legge che lega il colore verde, la quinta musicale ed il calore»[14]. Non scrisse nient'altro, e, a quanto pare, non spiegò mai quell'affermazione, col risultato che ancora oggi nessuno sa – e in molti si stanno scervellando per scoprire il mistero –

[13] Biagio Antonacci, cantante pop italiano, ha portato alla ribalta le sonorità della pizzica con la canzone *Non vivo più senza te*.

[14] G.A. Rol, *Io sono la grondaia. Diari, lettere, riflessioni*, a cura di C. Ferrari, Firenze, Giunti, 2000, p. 14.

a cosa si riferisse. Posso però ipotizzare che, se questa legge esistesse davvero, se ci fosse realmente una corrispondenza matematica tra suono e colore, forse questa potrebbe essere scoperta anche iniziando a considerare i sensi in modo diverso da come abbiamo fatto finora, senza cioè scartare l'eventualità che ci sia qualcosa di biologico, che attiene essenzialmente al funzionamento del nostro cervello e che ancora oggi non è stato messo a fuoco. Del resto, il contenuto della nostra scatola cranica è tuttora un grande mistero, e il cervello rimane un organo non solo poco conosciuto, ma soprattutto sicuramente ancora non usato sfruttandone tutte le potenzialità.

Corrispondenze

È un tempio la Natura ove viventi
pilastri a volte confuse parole
mandano fuori; la attraversa l'uomo
tra foreste di simboli dagli occhi
familiari. I profumi e i colori
e i suoni si rispondono come echi
lunghi che di lontano si confondono
in unità profonda e tenebrosa,
vasta come la notte ed il chiarore.
Esistono profumi freschi come
carni di bimbo, dolci come gli òboi,
e verdi come praterie; e degli altri
corrotti, ricchi e trionfanti, che hanno
l'espansione propria alle infinite
cose, come l'incenso, l'ambra, il muschio,
il benzoino, e cantano dei sensi
e dell'anima i lunghi rapimenti.

Charles Baudelaire[15]

---

[15] C. BAUDELAIRE, *Les Fleurs du Mal*, 1857; trad. it. di L. DE NARDIS, Milano, Feltrinelli, 1964.

2.
Suono e colore: simboli, miti e leggende

Le menti dei nostri progenitori non conoscevano le leggi fisiche che regolano la luce e il suono ma, in qualche modo ancora tutto da comprendere, ne intuivano profondamente l'importanza e attribuivano a essi delle funzioni. Non sapevano esattamente cosa fossero, ma sapevano, o pensavano di sapere, a cosa servivano e come potevano usarli. Ad esempio, in Egitto colori e suoni erano strumenti usati a scopo terapeutico dai sacerdoti, che, per questa loro abilità, erano considerati maestri delle tecniche di guarigione. Gli egizi costruirono addirittura un vero e proprio luogo di guarigione, la città di Eliopoli, dedicata – come suggerisce il nome – al dio Sole. Essi avevano intuito che la luce solare era uno strumento di guarigione, e i colori, che per loro rappresentavano l'essenza stessa delle cose[16], erano medicamenti specifici. Tibetani e giapponesi codificarono l'uso curativo di suoni e colori in manuali, dai quali si possono ancora apprendere le loro tecniche di guarigione. Anche greci, indiani, cinesi, aztechi, maia e molti altri avevano attribuito a queste vibrazioni il potere di ripristinare la salute e l'armonia del corpo. Inoltre, è opportuno ricordare che le divinità principali sono sempre state e sono tuttora legate al culto del sole. Pensate ad Aton, Ra e Horus in Egitto, a Elio e Apollo in Grecia, a Lug nella cultura celtica, a Tonatiuh nella mitologia azteca, a Suria in India, a Mitra in Persia. Quest'ultimo, tra l'altro, dimostra strabilianti affinità con il Cristo dei cristiani (anzi, per la precisione è quest'ultimo ad avere strabilianti affinità con Mitra, che lo precede cronologicamente), entrambi festeggiati il 25 dicembre e legati al culto del *Sol Invictus*. A rappresentarne i poteri e le funzioni, a ciascuna divinità era sempre asso-

---

[16] L. Luzzatto – R. Pompas, *Il significato dei colori nelle civiltà antiche*, Bologna, Bompiani, 2010.

ciato uno specifico colore e anche uno strumento musicale. Vediamo alcuni esempi. Nel mondo egizio, la dea Hathor era legata al colore verde e lo strumento musicale che la riguardava era il sistro; il dio Seth era associato al rosso (era infatti raffigurato con capelli e occhi rossi) e il suo strumento era la tromba; il dio Thoth era legato alla Luna e al suo colore argenteo, ed era considerato l'inventore, oltre che della scrittura, anche della musica stessa e, secondo Diodoro Siculo, perfino della lira. Nella cultura indiana, la dea Saraswati era collegata al colore bianco e il suo strumento era la *vina*, una specie di arpa; mentre il dio Ravana, demone a dieci teste del *Ramayana* ed esperto musicista, era ritenuto l'inventore del *sarangi*, strumento il cui nome significa "tutti i colori". Nel mondo ellenico, Atena (la Minerva dei romani) era legata al colore azzurro (anche se il mito racconta che, quando scendeva sulla Terra per consegnare un messaggio, lasciava come scia un arcobaleno) e il suo strumento era l'*aulos* o oboe, una specie di flauto. L'arcobaleno appena menzionato ricorda anche la dea Iris, rappresentata proprio da questo simbolo e considerata la messaggera degli dèi. Dioniso, poi, non poteva che essere legato al rosso, e gli strumenti a lui riconducibili erano le nacchere e i cimbali; il dio Pan, per molti versi associato a Dioniso, come lui era contraddistinto dal colore rosso, mentre il suo strumento era la siringa, nota anche come "flauto di Pan". E ancora: il dio Apollo era legato al giallo e alla lira; Afrodite Urania (Venere) al verde, Afrodite Pandemos al rosso, e probabilmente tutte e due legate al corno; Saturno (Cronos) e Poseidone (Nettuno) entrambi associati al colore nero, mentre Tritone, il figlio di Poseidone, usava le conchiglie come strumento musicale, e la nereide Anfitrite aveva un corno di conchiglia che utilizzava per domare le tempeste e annunciare l'arrivo del mare. La conchiglia meriterebbe una trattazione a parte[17]: qui posso solo accennare che,

[17] L. Bruno – G. Bruno, *La conchiglia come strumento musicale*, Trapani, Centro Studi e Ricerche, 2008.

con molta probabilità, è stato uno degli strumenti musicali più antichi, e ne sono stati ritrovati magnifici esemplari decorati con l'argento e sui quali sono state apportate lievi modifiche per migliorare la qualità del suono. Nella cultura celtica, infine, spicca la Morrigan, la regina suprema, dea della guerra, della violenza e della sessualità, sempre rappresentata con il colore rosso (rossi erano i suoi abiti e i suoi capelli); mentre Lug, il dio della luce, che ha come corrispondente nella cultura greca il dio Apollo, è associato al giallo.

Un altro aspetto che voglio sottoporre alla vostra attenzione, in questa piccola analisi dei simboli cromatici e sonori legati alle divinità, è il seguente: mentre la musica è sempre rappresentata da uno strumento di cui poi la divinità si priva per donarlo agli uomini, i colori, invece, non vengono mai donati, la divinità non si spoglia mai del colore per darlo ad altri. Il motivo di ciò potrebbe risiedere nel fatto che i colori esprimono proprio una caratteristica divina, sono attributi ontologici, e privarsene vorrebbe dire perdere la propria identità. Magari su questo punto ci ritornerò.

Accantoniamo ora le divinità perché vi voglio parlare degli strumenti musicali, facendo un breve viaggio prima in Tibet, poi in Africa e infine in America.

Partiamo dalla regione dell'Asia centrale, fulcro del buddismo tibetano ma anche dello sciamanesimo pagano: in questo luogo, lo strumento sacro è la campana. La sua sacralità trova origine nel fatto che essa, evocando l'atto sessuale, trasmette simbolicamente un importante principio spirituale: se osservate con attenzione le campane, noterete infatti che sono costituite da una parte concava, vuota, che richiama l'aspetto femminile (l'utero), mentre al suo interno c'è il *dorje*, una sorta di scettro con cui la campana viene fatta risuonare, che «simboleggia l'aspetto maschile della compassione universale: insieme i due elementi incarnano la mente umana illuminata»[18]. L'interazione

[18] A. Ronnenberg, *Il libro dei simboli*, Köln, Taschen, 2011, p. 672.

tra l'aspetto maschile e quello femminile è, per i tibetani, la porta d'accesso all'illuminazione, l'unione degli opposti di cui si parla anche in alchimia. È anche interessante notare che il *dorje* (chiamato nella mitologia induista *vajra*, ossia fulmine) è impugnato come arma dal dio Indra, proprio come fa il dio greco Zeus, signore della folgore. In entrambi i casi, sia "l'illuminazione" derivante dall'interazione del *dorje* con la campana, sia il fulmine rimandano alla luce, anche se solo a livello metaforico.

Adesso spostiamoci in Africa. Qui lo strumento simbolo è il tamburo, considerato da tutte le tribù potente e magico. È da notare che, in ogni cultura, questo strumento è associato simbolicamente al colore rosso e il suo suono richiama il battito cardiaco: da qui il suo accostamento all'impulso vitale. Quanto all'aspetto magico, ricordiamo che il tamburo era utilizzato nei riti propiziatori per provocare la pioggia e altresì per evocare le anime dei defunti. Le tribù africane, in particolare, lo usavano per accompagnare i riti di iniziazione, in cui serviva a infondere nei giovani il coraggio per affrontare le prove che li attendevano. Nelle processioni dionisiache, invece, era utilizzato per indurre i devoti in stati di estasi sessuale, durante i quali si sfogavano in vivaci orge. Per gli sciamani, il tamburo era il cavallo che li trasportava nelle altre dimensioni, dove dovevano arrivare per compiere le guarigioni. E ancora, per gli indiani d'America era uno strumento sacro collegato spiritualmente a tutto ciò che ha vita. Perché tutto ciò che vive, pulsa, vibra ha un ritmo.

La musica, così come anche i colori, fin dai tempi più lontani sono stati considerati strumenti speciali, con dei poteri sovrannaturali. Gli esempi non mancano. Abbiamo già incontrato la maga Circe, ma pensiamo anche a Orfeo e a cosa poteva fare col suo canto, a Krishna che col suono del flauto era capace di muovere qualcosa nell'aria, inducendo gli umani a comportarsi esattamente come lui voleva. In Occidente, una funzione analoga fu attribuita da Mozart al flauto magico di Tamino. Nell'opera del compositore austriaco, il flauto era stato creato da un maestro dell'antica fraternità solare ed era capace di domare i leoni preposti alla custodia della via che porta alla trasformazione. Mozart, con questo lavoro, ha cercato di trattare temi che gli erano cari, temi massonici o semplicemente esoterici, come la morte e la rinascita, l'amore universale, il rapporto tra umano e divino. E, dal misticismo della stupenda opera di Mozart alla leggenda tedesca del *Pifferaio Magico*, è sempre il flauto lo strumento magico al centro della scena. Il Pifferaio della leggenda tedesca, grazie al suono del suo piffero, riuscì a farsi seguire dai topi sino al fiume dove essi si gettarono morendo annegati, e liberò così la città di Hamelin. Questa però è solo una versione. In pochi conoscono quella originaria, nella quale non erano i topi a seguire il pifferaio bensì centotrenta bambini[19], che pare siano morti tutti sempre nel fiume Weser. Nella città di Hamelin troviamo infatti un'iscrizione, datata 1602-1603, che riporta la seguente frase:

Nell'anno 1284, il giorno di Giovanni e Paolo
il 26 di giugno
Da un pifferaio, vestito di ogni colore,
furono sedotti 130 bambini nati ad Hamelin
e furono persi nel luogo dell'esecuzione vicino alle colline.

Una storia molto triste ma per fortuna anche incerta, dal momento che non ci sono prove: questo apre la porta alla speranza che non sia accaduta veramente e che sia solo una leggenda nella quale i bambini non c'entrano nulla. Ciò premesso, mi preme molto farvi notare, oltre alla musica come elemento ma-

[19] Di questa versione e della sua origine non si sa molto: una delle ipotesi è che i bambini fossero malati e quindi portati lontano dalla città per non contaminare gli altri abitanti.

gico che incanta e muove la realtà a suo piacimento, l'abito del pifferaio. La frase sopra riportata è chiara, lo descrive "vestito di ogni colore". Musica e colore ancora insieme. Ma perché? E non è l'unico caso. Maghi e fate sono sempre caratterizzati da questi due elementi, basta tornare per un momento bambini e ricordarsi la fatina *Smemorina* di Cenerentola: era vestita di azzurro e trasformava la zucca in carrozza, i topini in cavalli e Cenerentola in principessa semplicemente canticchiando e ripetendo "la frase che tutto può", *Bibbidi bobbidi boo*. Poi c'è Mago Merlino, vestito di blu, che fa volare vestiti e oggetti nelle valigie cantando *Higitus Figitus*. E ancora Topolino che, nell'episodio dell'apprendista stregone del film *Fantasia*, indossa di nascosto il cappello blu a punta del mago e improvvisamente inizia a dirigere la scopa e l'acqua, muovendosi come un direttore d'orchestra a ritmo della musica[20]. Tenete inoltre in considerazione il fatto che Walt Disney, che ha animato per il cinema le fiabe sopra riportate e che a tutt'oggi è l'uomo che ha vinto più Oscar in tutta la storia cinematografica, ha seminato in tutti i suoi lavori, secondo alcuni, indizi di esoterismo e magia; secondo me, semplicemente dei modi diversi di sentire e guardare il mondo.

Ma ritorniamo al nostro discorso sulla musica. Gli sciamani stessi affermano di riuscire a compiere i prodigi e le guarigioni proprio grazie ai canti che ricevono direttamente dagli spiriti[21]. I celti ricordano che l'incontro con gli altri mondi è sempre preceduto da una musica bellissima e non umana:

> Questa dolce musica incantata è un elemento

---

[20] Nello specifico, quella del poema sinfonico scritto nel 1897 dal compositore francese Paul Dukas, che a sua volta si era basato su una ballata scritta cento anni prima da Johann Wolfgang Goethe, il quale, come vedremo più avanti, aveva elaborato una personale teoria sui colori e aveva avuto molto da dire anche sul potere della musica.

[21] Gli indiani papago del sud dell'Arizona.

> essenziale dell'altro mondo, in grado di assopire i mortali in un sonno incantato, uno stato di coscienza sciamanico[22].

Mircea Eliade, storico delle religioni e scrittore romeno, evidenzia come in tedesco la parola indicante la formula magica è *galdr*, che deriva dal verbo *galan*, cantare[23].

E dal canto umano e sovraumano ritorniamo ora un momento sugli strumenti. Innanzitutto, per gli antichi (e per gli artisti) ogni strumento è espressione di una specifica forza o energia: così, gli strumenti a fiato (quali oboi, flauti, zampogne) sono le forze istintuali ed emotive, mentre quelli a corda (come lira, chitarra, mandolino) rappresentano razionalità e pensiero logico[24]. Ogni strumento ha poi un corpo e una voce (il suono) che, con le sue parole (le note), trasmette stati d'animo, emozioni e forme di pensiero. Vi anticipo adesso un concetto sul quale tornerò meglio nel capitolo dedicato al suono: il suono, ogni suono, mette in vibrazione le particelle dell'aria, quindi il suono è sì la voce dello strumento, ma al tempo stesso rappresenta anche le sue mani che usa per agitare le particelle. La domanda ora è: queste mani potranno anche creare qualcosa?

---

[22] T. Cowan, *op. cit.*

[23] Ibidem.

[24] E. Mannucci, *Le note musicali e l'armonia delle sfere*, 15 giugno 2015, in http://www.esonet.it/News-file-article-sid-1019.html.

3.
Musica e luce nei riti

Uno degli aspetti più antichi e misteriosi che riguardano l'essere umano è il suo bisogno di ritualità. Fin dai tempi più lontani, l'uomo ha infatti sempre celebrato in un modo preciso, codificato, i momenti ritenuti sacri della sua esistenza: nascita, passaggio all'età adulta, vittorie, matrimonio, morte. Non solo, anche per le richieste alle divinità ogni religione e società hanno da sempre il suo rito, al quale si affidano e nel quale colori e suoni, usati insieme, sono sempre gli elementi più importanti per garantirne la riuscita. Considerate anche che il rito non è un fatto del passato: molti infatti sono ancora praticati, ecco alcuni esempi. Le popolazioni nomadi del Niger, una volta all'anno, si riuniscono tuttora per festeggiare la pioggia e l'accoppiamento: in questa occasione, i maschi si sfidano nel corteggiamento colorandosi il volto di rosso e ocra – colori che simbolicamente sono legati alla sessualità e al primo *chakra*[25], quello della radice situato proprio negli organi genitali – e danzano per tutta la cerimonia accompagnati da una specifica musica. In Senegal, invece, c'è il rito del *faux lion*: i partecipanti si colorano il volto e sono accompagnati dalla musica, che svolge una funzione evocativa di sentimenti ed emozioni nonché di entità soprannaturali. E ancora, in Mozambico la popolazione makombe, nei riti di iniziazione, è solita colorarsi il volto e/o indossare maschere colorate e suonare strumenti musicali per accompagnare la celebrazione. In questo caso, gli strumenti servono a imitare il verso del leone, l'animale che gli iniziati devono sconfiggere. Se ci spostiamo in America, gli indiani lakota sono famosi per una particolare cerimonia di gua-

[25] I *chakra* (dal sanscrito "ruota", "circolo") sono centri energetici posizionati in diverse parti del corpo umano, che aiutano a ricevere i vari tipi di energia e informazioni dall'universo.

rigione, nella quale lo sciamano è accompagnato nel suo viaggio da canti e dal suono del tamburo, e l'arrivo dell'entità guaritrice è indicato dal rumore dei sonagli e da scintille di colore blu. In Asia meridionale, gli strumenti degli sciamani tamang del Nepal sono il tamburo, il copricapo di piume di pavone tutte colorate e un drappo rosso, che serve loro per proteggersi dagli spiriti maligni quando entrano nell'altra dimensione per operare la guarigione. In India, nel rito dedicato alla prosperità e felicità della sposa, tutte le donne, per garantirsi i favori della sorte, fanno passare un piatto di mano in mano, lo riempiono e svuotano più volte di cibi e polveri colorate, con le quali vengono tracciati segni benauguranti. La celebrazione del matrimonio è poi accompagnata dal suono di tamburi, flauti e piatti. Il mondo cattolico non è escluso da questo discorso. Nel periodo gotico, infatti, ritroviamo suoni e colori proprio dentro le antiche cattedrali, impreziosite con vetrate dai colori sgargianti. La luce del sole, filtrata dai vetri colorati, penetrava così nel luogo di culto, dove incontrava il suono degli organi. Questa combinazione di colore e suono esercitava (ed esercita tuttora) un forte impatto emotivo sul credente che, assistendo alla messa, veniva immerso in un ambiente mistico che contribuiva anche a porlo in uno stato di profonda soggezione. Questo in passato, ma ancor oggi in Occidente i riti liturgici cattolici sono caratterizzati dall'uso di colori e musiche specifici: ritroviamo il bianco quale colore tradizionale del battesimo e dell'abito della sposa e, in entrambi i casi, i festeggiamenti sono accompagnati da canti e musica; la liturgia per i funerali prevede invece il viola e il canto di commiato per salutare il defunto, mentre il dolore per la perdita di qualcuno, il lutto, si manifesta indossando vestiti neri. Ritornando nel passato, nell'antico Egitto e nella Mesopotamia colori e suoni, insieme a parole, forme geometriche e numeri, erano inseriti in un sistema magico astrologico ampiamente usato dai sacerdoti, sia per compiere divinazioni, sia per garantire agli esseri umani la protezione e il sostegno degli dèi. Una digressione a parte merita, a mio avviso, la figura dello sciamano, alla quale ho già fatto cenno. Egli è un saggio, spesso di sesso maschile, con poteri taumaturgici: è il guaritore della tribù che, seppur con caratteristiche e nomi diversi, è presente in tutte le antiche culture sia orientali che occidentali, e in alcune zone tuttora esistente e operante. Lo sciamano è considerato un ponte tra il mondo umano e quello ultraterreno: li mette in contatto viaggiando da una dimensione all'altra, ma per farlo ha bisogno, oltre che del suono della voce, anche di quello del tamburo, che, secondo recenti scoperte, è quello che riproduce le onde *theta* responsabili della *trance* e dei sogni lucidi. Nello svolgimento del rito, voce e tamburo si fanno sempre più ipnotici, sino a indurre lo sciamano in uno stato di *trance*, che non è dovuto quindi solo all'ingestione di sostanze allucinogene. Una volta in *trance*, i guaritori possono compiere la loro opera. Ed è proprio qui la parte per noi più interessante. Gli sciamani raccontano infatti a questo punto che il mondo che essi visitano è fatto di colori e suoni più vivi e pieni di significati. In questa realtà, i colori sono veri e propri strumenti di lettura; essi affermano di vederli sulla pelle degli uomini e intorno al corpo, e che proprio grazie a essi capiscono quale sia il problema della persona che devono aiutare.

In conclusione, in tutte le culture colori e suoni hanno sempre avuto significati, funzioni e poteri precisi: non servivano solo a scandire i momenti più importanti della vita degli uomini, erano anche elementi molto sacri e ritenuti dotati di poteri sovrannaturali. Non può stupire, a questo punto, che ancora oggi essi sono ampiamente usati non solo nei riti delle diverse religioni, ma anche nelle varie arti magiche, pagane e neopagane tuttora largamente praticate.

4.
Suono e luce nei testi sacri

Secondo alcuni scienziati, tutto il nostro universo ha avuto origine con il *Big Bang*: la grande esplosione, o meglio... il grande rumore! Ma collegare la nascita dell'universo al suono non è una cosa originale. Se andiamo molto indietro nella storia delle civiltà, scopriamo che la creazione dell'uomo e dell'universo è infatti da sempre legata al suono e alla luce. Nella tradizione degli uitoto, una tribù che vive nella foresta vergine della Repubblica Colombiana, in Sud America, si dice che «all'inizio la Parola (che ricordo essere suono e significato) diede origine al Padre»[26]. Essi affermano anche

> che nei frutti, [...], viene ogni anno l'anima del "nostro padre", il dio creatore, che è nel medesimo tempo la Luna primordiale, la cosa splendente, che vive attualmente nel secondo dei mondi sotterranei[27].

Nella tradizione cattolica invece, nel prologo del *Vangelo di Giovanni* leggiamo: «In principio era il Verbo e il Verbo era presso Dio e il Verbo era Dio»[28]; dove «Verbo» è la traduzione del termine greco *logos*. Vittorio Marchi, docente di fisica, ricercatore e autore di innumerevoli testi, afferma che la traduzione corretta di questo passo della *Bibbia* dovrebbe essere: «A fondamento di tutto vi è la vibrazione»[29], facendo leva anche

---

26 M. Schneider, *Il significato della musica*, Milano, SE, 2007, p.14.

27 G. Calogero – G. Coppola – K.T. Preuss, *Mito e mitologia*, in http://www.treccani.it/enciclopedia/mito-e-mitologia_(Enciclopedia-Italiana)/.

28 *Vangelo secondo Giovanni*, *Prologo*, 1, in *La Bibbia di Gerusalemme*, Bologna, Dehoniane, 2000, p. 2265.

sulla consonanza "vrb" delle parole "Verbo" e "vibrazione". In effetti, anche l'*incipit* «in principio» è la traduzione della locuzione greca *en archè*, che in realtà avrebbe un significato molto più articolato. In essa, infatti, si possono riconoscere almeno tre diversi significati: per il primo, l'*archè* sarebbe al tempo stesso sia il principio generatore che conservatore, cioè l'elemento all'origine di ogni altro ente e contemporaneamente anche ciò che mantiene in vita il mondo; per il secondo, sarebbe invece l'elemento materiale presente come fondamento e/o componente elementare delle cose (*stoichéion*), come l'acqua di Talete, il fuoco di Eraclito, l'atomo di Democrito; infine, per il terzo significato, indicherebbe la legge cosmica che regola la nascita e la morte di tutte le cose. Dunque tre significati molto densi, che fanno capire come quel «in principio» messo così, come un'introduzione qualsiasi, sia stato parecchio svuotato di significato…

Passando poi alla parola "verbo", come ho già anticipato, essa è la traduzione della parola greca *logos*, che sta per discorso, parola, ragione, ma che nelle Sacre Scritture sta anche per Cristo e per Dio (nell'ultimo caso però non può esserci un rapporto di identità, perché altrimenti non si spiegherebbe come fa il *Logos* a stare presso Dio se è Dio stesso). In italiano, quindi, *logos* è tradotto con "verbo" o "parola", che indicano la potenza divina, creativa e attiva: «Dio dei padri e Signore di misericordia che tutto ha creato con la sua parola…», (*Sapienza* 9:1-2). Inoltre, per restare nel tema del nostro libro, mi preme farvi notare che questo *logos* (verbo-parola-vibrazione) nella *Bibbia* è posto in relazione proprio con la luce: «In Lui [logos-parola-verbo] era la vita – e la vita era la luce degli uomini – e questa luce splende ancora nelle tenebre» (*Giovanni* 1:4-5). Vedete: di nuovo luce e suono insieme.

---

[29] V. Marchi, *La vertigine di scoprirsi Dio. Dvd*, Cesena, MacroVideo, 2014; e ancora in idem, *La scienza dell'Uno*, Diegaro di Cesena, Macroedizioni, 2007, p. 43.

Spostiamoci ora nella tradizione indiana, che è forse la più antica. In essa si legge che «mentre Atman [anima del mondo] covava il mondo, la sua bocca si scisse come un uovo e dalla bocca uscì il discorso [Vac- parola] e dalla bocca Agni [il fuoco][30]».

Sempre nella cultura indiana, troviamo il *mahat mantra*[31], l'*Aum*, il suono creatore: secondo la saggezza indiana, tramandata prima oralmente e poi trascritta nei testi sacri chiamati *Veda*, tutto è stato creato da questo suono, che rappresenta le modalità di azione della forza creativa. L'*Aum*, nella *Katha Upaniṣad*[32], è una sillaba sacra e «chi la conosce otterrà tutto ciò che vuole». Nella *Maitri Upaniṣad*, l'ultima delle *Upaniṣad* vediche, è scritto: «Il sole è Oṃ: su questo meditate e su questo concentrate il vostro spirito». L'*Aum* è quindi il *mantra* più potente, quello con cui Dio crea, a ogni istante, nuovamente se stesso, è il suono-seme dell'universo con cui Dio mise in moto la prima vibrazione e dal quale ha originato l'intera creazione. Ecco perché gli induisti affermano «*Nada Brhama*», cioè che «il mondo è suono». Marius Schneider in merito scrive:

> Suono e luce stanno l'uno all'altra nello stesso rapporto di parola e conoscenza. Il suono creatore è come il farsi luce che apre la strada al conoscere, come l'aurora, come quella "luce auditiva" che nasce dall'unione del principio lunare con quello solare nel *Tai I Gin Hua Dsung Dschi*. Il canto sacrificale alto, a squarciagola, dell'*Udgitha* [parte

[30] M. SCHNEIDER, *op. cit.*, p. 16.

[31] *Mahat mantra* significa "il grande mantra". La parola sanscrita *mantra* è composta da *man*, radice della parola "mente", e *tra*, radice della parola "strumento": significa quindi "strumento della mente".

[32] Le *Upaniṣad* sono anche chiamate *Vedanta* (cioè "fine dei *Veda*"), in quanto sono i commentari "segreti" dei *Veda*, poiché ne completano e chiariscono il significato.

> centrale dell'*Oṃ*] fu qualcosa di simile a una *saeta*, la cui melodia alta, eseguita in falsetto, si leva nei cieli d'Andalusia. [...] Così nella mistica indù la sillaba *Oṃ* è designata come una saetta vibrante o come un chiodo che "penetra e rinsalda l'intero mondo"[33].

Lo stesso autore ricorda inoltre che i primi uomini compivano sacrifici solo cantando, «perché, data la natura acustica degli dèi, l'offerta musicale li commuove in modo assai più immediato di ogni altra forma di sacrificio»[34]. Questo canto era definito dai popoli primitivi "canto di luce", e, secondo alcuni, era un canto che un po' alla volta era capace di rendere visibili le cose: poteva essere «un'aurora sonora che si leva sulle acque primordiali o un albeggiare del sole attraverso un grido di luce»[35]. Nei *Ṛigveda* è scritto anche che il dio Prajapati, il signore delle creature, per potersi propagare (anche tradotto "nascere") aveva una sola possibilità: fare sacrificio di se stesso. Fu così che dal suo corpo, composto da tre sillabe luminose, dopo il sacrificio (forse un canto?) presero vita tre parti dell'universo.

Alla fine dell'Ottocento, Helena Blavatsky[36], nota per aver fondato la Società teosofica e aver scritto numerosi testi esoterici, ha, tra le altre cose, preso in esame anche l'*Aum*. La teosofa, recuperando il mito di Prajapati, fa notare che a ciascuna lettera del suono creatore corrisponde uno dei colori primari della luce (concetto che riprende dai *Ṛegveda* e quindi dalla *Maitri Upaniṣad*). La Blavatsky spiega anche che la lettera "A"

---

[33] M. SCHNEIDER, *op. cit.*, p. 27.

[34] Ivi, p. 63.

[35] Ibidem.

[36] Helena Blavatsky (1831-1891), filosofa, teosofa, saggista occultista e medium russa naturalizzata statunitense, è autrice di molti testi esoterici, tra cui *La dottrina segreta* e *Iside svelata*.

rappresenta il principio maschile, il padre, il fuoco, l'aspetto distruttore di Dio, ed è associata al colore rosso; la "U", invece, richiama il principio femminile (riconoscibile anche nella forma a coppa che ricorda l'utero), è l'amore vitale, rigeneratore, l'aspetto costruttore, ed è collegata al colore blu; la lettera "M", infine, è l'intelligenza attiva cosmica, lo Spirito Santo, il polo androgino, ed è associata al verde.

Rimanendo all'interno del filone esoterico, altri riferimenti espliciti sulla relazione suono-colore li ho trovati negli studi del danese Max Heindel (1865-1919), anche lui membro della Società teosofica di Madame Blavatsky, nonché esoterista, astrologo e fondatore dell'Associazione rosacrociana. L'autore sostiene che, dopo la morte, l'uomo, l'ego e il triplice spirito entrano rispettivamente nel primo, nel secondo e nel terzo cielo. In riferimento al secondo cielo[37], egli dice:

> … questo secondo cielo è il mondo del tono musicale, non si vuol dire che vi manchino i colori; molti sanno che esiste una intima relazione tra colori e suoni, che, quando si suona una data nota, appare simultaneamente un certo colore. Lo stesso accade nel mondo celeste. Il colore ed il suono sono presenti entrambi; ma il tono è quello che dà origine al colore. […] Il suono o tono che pervade questa regione, e che si manifesta dovunque come colore, costituisce per così dire il suo strumento. E questa armonia, vibrazione sonora che, al pari di un elisir vitale, stabilisce nel triplice spirito la quintessenza del triplice corpo, dal quale dipende per il suo sviluppo[38].

Adesso lasciamo Heindel e seguitemi invece nell'antico

---

[37] M. Heindel, *La Cosmogonia dei Rosacroce*, Milano, Fratelli Bocca, 1953.
[38] Ivi, pp. 132-133.

Egitto, per incontrare una divinità molto interessante che abbiamo già conosciuto tra le prime pagine di questo libricino: il dio Thoth. Vi confesso che mi sono molto sorpresa quando ho scoperto che questa divinità è anche chiamata "il sole cantante", colei che

> creò il mondo battendo le mani e scoppiando a ridere sette volte. Da quelle risate nacquero sette dèi: Egli rise ancora sei volte e ogni scoppio di risa fece nascere esseri e fenomeni nuovi[39].

Luce e suono li ritroviamo, sempre compresenti, anche nel mito di Er, presentato da Platone alla fine dell'ultimo libro della *Repubblica*, per affrontare il tema dell'immortalità delle anime. Nella descrizione fatta dal filosofo, gli spiriti si incamminavano sino a giungere al cospetto dell'anima del mondo, che si presentava loro come una grande luce, al centro della quale essi potevano scorgere le estremità di catene che pendevano. A quelle estremità stava appeso il fuso di Ananke, che filava il destino dell'universo. Il fuso era fatto in modo singolare, composto di otto fusaioli, incastrati l'uno nell'altro, e aventi tutti un colore:

> … il bordo del fusaiolo più grande era variegato, quello del settimo il più splendente, quello dell'ottavo riceveva il suo colore dal settimo, che lo illuminava, i bordi del secondo e del quinto, molto simili tra loro, erano più gialli dei precedenti, il terzo aveva un colore bianchissimo, il quarto rossastro, il sesto veniva secondo per bianchezza [...]. Su ciascuno dei suoi cerchi, in alto, si muoveva una sirena, che emetteva una sola nota di un unico tono: ma da tutte e otto risuonava una sola armonia[40].

---

[39] M. Schneider, *op. cit.*

[40] Platone, *La Repubblica*, Roma, Newton Compton Editori, 1997, (Grandi

La descrizione di Platone riprende molto l'ordine pitagorico, e il canto delle sirene altro non è che l'armonia delle sfere celesti. Inoltre, anche il nome del mito non è di origine greca. Sottolineo questi elementi perché non è da escludere che il mito e la concezione sull'immortalità dell'anima, così come vengono descritti dal filosofo greco, abbiano un'origine orientale, probabilmente proprio indiana. Del resto, la cultura indiana fornisce sempre molti spunti di riflessione. La stessa parola sanscrita *djos* – da cui derivano i termini latini *dies* e *deus*, "giorno" e "dio", cui si rifanno le lingue italiana, francese e spagnola – significa proprio "luminoso, splendente". Il tedesco e l'inglese, invece, usano rispettivamente le parole *Gott* e *God*, che provengono dal termine sanscrito *hūta* o *ghūta* che significa "invocato"[41]. A sua volta, quest'ultima parola deriva dal latino *in-vocare*, dove *in* è un rafforzativo e significa "chiamare con fervore e desiderio". In conclusione, possiamo dire che anche i termini *God* e *Gott* si riferiscono alla voce e, per estensione, al suono.

---

tascabili economici): cap. X, p. 523.

[41] In https://it.wikipedia.org/wiki/Dio: «Nelle lingue di origine latina come l'italiano (*Dio*), il francese (*Dieu*) e lo spagnolo (*Dios*), il termine deriva dal latino *Deus* (a sua volta collegato ai termini, sempre latini, di *divus*, "splendente", e *dies*, "giorno") proveniente dal termine indoeuropeo ricostruito **deiwos*. Il termine "Dio" è connesso quindi con la radice indoeuropea: *div/*dev/*diu/*dei, che ha il valore di "luminoso, splendente, brillante, accecante", collegata ad analogo significato con il sanscrito *dyáuh*. Allo stesso modo si confronti il greco *δῖος* e il genitivo di *Ζεύς* [Zeus] è *Διός* [Diòs], il sanscrito *deva*, l'aggettivo latino *divus*, l'ittita *šiu*.
Nelle lingue di origine germanica come l'inglese (*God*), il tedesco (*Gott*), il danese (*Gud*), il norvegese (*Gud*), lo svedese (*Gud*), sono relazionati all'antico frisone, all'antico sassone e all'olandese medievale *Got*; all'antico e al medievale alto germanico *Got*; al gotico *Gut*; all'antico norvegese *Guth* e *Goth* nel probabile significato di "invocato". Maurice O'C Walshe lo relaziona al sanscrito *-hūta* quindi **ghūta* (invocato). Quindi forse da relazionare al gaelico e all'antico irlandese *Guth* (voce) e all'antico celtico **gutus* (radice **gut*)».

Faccio notare poi un'altra cosa. Nel capitolo precedente, abbiamo trovato la parola "magia" e abbiamo scoperto come essa è riconducibile al suono nella cultura neolatina e alla luce in quella anglofona. Ma luce e suono sono anche usati per definire il divino, come abbiamo appena illustrato. Quindi, mentre nel caso del termine "magia" avevamo visto che colori e suoni erano le entità che permettevano all'uomo di mettersi in comunicazione con il mondo implicito per modificare quello esplicito, quando questi termini si riferiscono alla divinità, sono invece innanzitutto degli attributi per definirne i poteri, e solo in secondo luogo dei termini per invocarla. Dunque, da una parte, sembra che il potere del mago di plasmare la realtà a suo piacimento non sia altro che la sua prerogativa di comunicare col divino, e che in questo dialogo il suo linguaggio non possa che essere quello vibrazionale fatto di onde elettromagnetiche (colori) e onde sonore (suoni); dall'altra parte, però, sembra che la divinità sia proprio un ente di luce e suono. Strumento ed entità insomma si confondono. Le entità di natura vibrazionale di cui si serve il mago, le sue bacchette magiche, sono poi anche la divinità stessa...

Comunque sia, parrebbe proprio che da sempre l'essere umano percepisca intuitivamente la presenza, in questi due elementi, di una forza particolare, e attribuisca loro il potere specifico di mettere in relazione il mondo terreno con quello divino, ciò che conosce con ciò che ignora e che, a seconda dei casi, è solito chiamare dio o demonio, bianco o nero, alto o basso.

5.
Dal sacro al profano

Lo scienziato Isaac Newton, quando fece il famoso esperimento con il prisma, scoprendo che la luce si scomponeva in sette colori, subito notò che qualcosa affiancava la luce al suono e scrisse: «La spaziatura tra i colori dello spettro sembrava imitare la proporzione delle distanze tra le note di una scala musicale». Come ho raccontato in un altro libro[42] al quale rinvio, un argomento che ancora oggi fa immediatamente accostare i suoni ai colori è senza dubbio il numero sette, che contraddistingue sia le note musicali che i colori dell'iride e che rimanda, fra i tanti riferimenti, anche alla creazione dell'universo.

In ogni caso, tenete sempre presente che suono e colore sono vibrazioni, forme di energia misurabili, che producono effetti e reazioni sia sul piano fisico-biologico che su quello psicologico-spirituale. Anche il linguaggio, frutto dell'attività cerebrale che è un'attività elettrica, è una forma di energia (sia perché è suono, sia perché porta in sé il significante). Pertanto, studiare la natura e la modalità d'azione di questi elementi nel modo più profondo e completo possibile potrebbe essere un modo per conoscere l'essere umano e le sue modalità di reazione all'ambiente in cui vive.

A questo punto, dopo aver illustrato gli aspetti linguistici, religiosi, etnografici e ancestrali del suono e della luce, credo sia utile fare qualche cenno sui concetti di colore e suono da un punto di vista fisico, per poi vedere a che punto sono le nuove scoperte scientifiche che hanno puntato proprio su queste straordinarie energie.

Seguitemi.

---

[42] M. MAIORINO, *op. cit.*

«Che vuol dire reale?
Se ti riferisci a quello che percepiamo,
a quello che possiamo odorare, toccare e vedere,
quel reale sono semplici segnali elettrici interpretati dal cervello.
Questo è il mondo che tu conosci.
E che ora esiste solo in quanto parte
di una neuro-simulazione interattiva
che noi chiamiamo Matrix.
Sei vissuto in un mondo fittizio, Neo»[43].

[43] Sono le parole di Morpheus in *Matrix*, film di fantascienza del 1999, scritto e diretto dai fratelli Larry e Andy Wachowski.

6.
Il colore: natura, caratteristiche e curiosità[44]

Il colore è luce, che proviene dal Sole e arriva sulla Terra.

Alla fine del Seicento, Newton scoprì che un raggio di sole, filtrato attraverso un prisma, si scomponeva in sette colori: rosso, arancione, giallo, verde, azzurro, indaco e viola. Lo scienziato constatò inoltre che la posizione dei colori, formatisi dal raggio di luce filtrato, è sempre la stessa: infatti, la vibrazione di ciascun colore è costante e corrisponde anche a una determinata lunghezza d'onda. Lo spettro cromatico che ne risulta va dai 400 ai 700 nanometri, che corrispondono rispettivamente a 790 e 435 terahertz di frequenza. Lunghezza d'onda e frequenza sono inversamente proporzionali, per cui più bassa è la lunghezza d'onda, più alta è la frequenza, e viceversa. Sicché i colori dello spettro, che vanno dal rosso al viola, hanno frequenze più basse a partire dal rosso (435 THz) e, mano a mano che saliamo nella scala cromatica, le frequenze aumentano sino al viola (790 THz). Per la lunghezza d'onda varrà il discorso contrario: il rosso avrà la lunghezza d'onda più lunga (700 nm) mentre il violetto quella più corta (400 nm). La frequenza indica le vibrazioni al secondo compiute dal fotone: più la frequenza è alta, maggiori sono le vibrazioni al secondo. È facile a questo punto comprendere che il viola sia il colore che vibra di più, che produce più vibrazioni al secondo, mentre il rosso è quello che vibra di meno. In ogni caso, ogni elemento sulla Terra ha una sua vibrazione, anche se appare fermo e statico. Anche i sassi, le rocce, i cristalli non sono entità immobili come sembra: pulsano, vivono, sono energia, perché composti da nucleo, elettroni e protoni. Ricordate cosa disse Ilya Prigogine?

Inoltre, nello spettro elettromagnetico non troviamo solo i

[44] M. Maiorino, *op. cit.*

colori: al di sotto del rosso ci sono infatti i raggi infrarossi, mentre al di sopra del viola quelli ultravioletti. Entrambi, infrarossi e ultravioletti, non sono rilevati dalla vista. Solo i colori compresi tra il rosso e il viola sono percepibili dall'occhio umano, quindi soltanto le frequenze che vanno dai 790 ai 435 THz sono visibili. L'infrarosso e l'ultravioletto, pur esistendo e producendo effetti (ad esempio l'infrarosso produce calore avvertibile al tatto), non sono percepibili alla vista, perché i nostri occhi non sono in grado di tradurre quegli impulsi in immagine.

Detto ciò, la percezione del colore avviene grazie al nostro apparato oculare che, tramite gli occhi, capta le frequenze cromatiche. All'interno degli occhi, il segnale luminoso viene elaborato dalla retina, dotata di due tipi di recettori: i bastoncelli e i coni. I primi sono utili per la visione notturna e sono sensibili solo alla luce blu. I coni invece sono impiegati nella visione diurna e sono di tre tipi: rosso, verde e blu. Quest'ultimi permettono la visione a colori della realtà. Quindi, ricapitolando, l'occhio capta la luce mediante i recettori, e quest'ultimi inviano il segnale al cervello, dove verrà creata l'immagine così come ci appare. Ne consegue che, in realtà, là fuori i colori non esistono. È il nostro cervello che, tramite gli occhi, percepisce le diverse lunghezze d'onda e le traduce in colore; quest'ultimo è quindi il risultato di una traduzione elaborata dal nostro cervello. In realtà, il discorso potrebbe essere ampliato fino a comprendere tutti i sensi, perché tutto ciò che percepiamo intorno a noi è frutto di un'elaborazione dei nostri organi di percezione. La verità è che siamo circondati e immersi nell'energia, siamo noi stessi energia: tutto è energia, tutto oscilla. Ma noi, ad oggi, possiamo percepire solo alcuni aspetti, non il tutto. Pertanto l'osservazione, tramite la percezione sensoriale, è limitata *ab origine*.

Curiosità

La conoscenza parziale del significato dei termini (e non solo) nel quotidiano si traduce, per forza di cose, in una comunicazione limitata, che si trasforma in incomprensione e confusione nonostante si parli la stessa lingua. Conoscere solo una parte del significato di una parola non è che una forma di ignoranza, che, seppur parziale, può dimostrarsi anche più pericolosa di una totale.

Ciò premesso, la parola "colore" (dal latino *color*, *coloris*) si sviluppa dalla radice del verbo "celare". Perché, ci si potrebbe chiedere, il colore, che è qualcosa che si manifesta, che esprime una qualità, una caratteristica degli oggetti e della natura che ci circonda, in realtà ha il significato di nascondere? Andando a studiare la teoria del colore, scopriamo che, quando la riflessione della luce da parte di un corpo è totale, il corpo apparirà bianco; se è nulla, apparirà nero; mentre, se la riflessione è parziale, il corpo si mostrerà colorato. Quindi gli oggetti riflettono i colori solo se la riflessione è parziale. Per la precisione, il colore appare perché l'oggetto assorbe in sé tutti i colori escluso quello che riflette. Ecco perché probabilmente il termine colore è legato al verbo celare. Però è anche vero che il colore è considerato una "caratteristica", cioè un elemento che permette di definire e descrivere bene un dato; ma allora, nel descrivere un oggetto, non sarebbe più corretto dire «è tutto fuorché ciò che sembra?». Ad esempio, «quell'oggetto è tutti i colori a parte il rosso che riflette»?

Rudolf Steiner[45], studiando la natura e l'importanza della luce, concluse che il colore fosse il frutto di una collaborazione tra la Terra e uno dei pianeti.

> Per spiegare la colorazione giallastra di un altro minerale dovremmo ad esempio riferirci alla col-

[45] Per il quale si veda il capitolo 11, "Sinestesia e teorie esoteriche".

laborazione della Terra con Giove o con Venere, e così via. La colorazione dei minerali rimarrà sempre un enigma, finché non ci si deciderà di nuovo, appunto per comprenderla anche nella sua colorazione, a considerare la Terra in rapporto con la parte extraterrestre del cosmo[46].

Già Paracelso e altri grandi alchimisti della storia ritenevano che tutto fosse connesso, e in particolare si riferivano al legame tra macrocosmo (l'universo) e microcosmo (la Terra), individuabile grazie a numerosi elementi, tra i quali il colore era uno dei più importanti perché rivelava le qualità e le caratteristiche dell'oggetto, era l'elemento da cui si poteva derivare l'essenza e l'identità delle cose.

Io ipotizzo – come ho già affermato in altra sede[47] – che potrebbe esserci una differente spiegazione, che richiede lo sforzo di guardare il colore andando oltre l'apparenza e soprattutto considerando l'assenza. Bisogna cioè guardare il colore in modo diverso, valutando al contempo ciò che si manifesta e ciò che si nasconde, l'essoterico e l'esoterico. Se il colore da una parte "manifesta", dall'altra "cela", e noi dobbiamo porre attenzione a entrambi gli aspetti. Il colore manifesta solo una parte della realtà, il colore che riflette; per vedere quella nascosta ci vuole una sensibilità maggiore, bisogna essere capaci di "sentire l'assenza", il colore che non appare. Questo diventa più semplice se ci si lascia guidare dal fatto che la parte manifestata non esisterebbe se mancasse il tutto da cui deriva e che la completa. Se un colore appare è perché, come abbiamo appena visto, cela nell'invisibile tutti gli altri a cui appartiene e la cui presenza, seppur invisibile, non può essere ignorata: solo dall'unione del visibile con l'invisibile si può manifestare il

---

[46] R. STEINER, *L'essenza dei colori*, Milano, Editrice Antroposofica, 2013, p. 62.

[47] M. MAIORINO, *op. cit.*

reale. Ciò che possiamo percepire e quindi vedere, sentire, toccare, annusare, gustare è solo una parte, piccolissima, del reale assoluto, pari al 5% del tutto. Noi non abbiamo alcuna relazione sensoriale con il 95% di ciò che ci circonda. Come è possibile? E se in realtà i limiti che abbiamo derivassero da un cattivo uso degli organi sensoriali? Se avessimo perso in un lontano passato delle facoltà? E se ci fosse un modo per recuperare la nostra capacità sensoriale? La percezione simultanea di uno stesso impulso a opera di più organi sensoriali, la cosiddetta sinestesia, potrebbe essere un residuo genetico di poteri svaniti nel tempo? Io non posso dare risposte a queste domande, ma ritengo che sicuramente imparare a "sentire" le cose, usando tutti i sensi con attenzione e presenza, sia la strada per poter andare oltre i sensi stessi. Essi infatti sono gli unici strumenti che abbiamo a nostra disposizione, e forse i limiti alle nostre percezioni sono semplicemente delle nostre incapacità a usarli nel modo giusto. Per fare un esempio, l'essere umano contemporaneo è come quel tale, un po' in là con gli anni, a cui i nipoti hanno regalato un telefonino di ultima generazione, che ha una applicazione per chiamare gratuitamente ovunque, una che traduce tutte le lingue, un'altra che indica come arrivare nei posti più sperduti e, in ogni caso, l'accesso a internet per fare tutte le ricerche che desidera, che fa foto magnifiche, che possono essere modificate con miriadi di programmi, e molte altre funzioni ancora; insomma, uno strumento con mille capacità, ma che il nostro vecchietto usa solo per telefonare ai contatti in rubrica, ignorando totalmente tutto quello che invece potrebbe fare con quel rettangolino di plastica nella sua mano.

Suono per ogni forma – forma per ogni suono.
Suono: passaggio dalla quantità alla qualità.
Colore: passaggio dalla qualità alla quantità.
L'armonia è il suono del suono, il suono dotato di genio.
Chi vede tutto in veste spaziale, figurativa e plastica, ebbene costui ha un'anima musicale: le forme appaiono grazie alle vibrazioni di cui egli è inconsapevole.
Chi vede in se stesso suoni, movimenti..., ebbene costui ha un'anima plastica – infatti la varietà dei suoni e dei movimenti ha origine soltanto dall'energia figurativa.

Novalis[48]

«Fra le mie carte ho trovato un foglio» mi disse oggi Goethe «nel quale definisco l'architettura musica congelata, come irrigidita in forme solide». E in questo senso c'è del vero. La sensazione che suscita in noi l'architettura si avvicina molto all'effetto prodotto dalla musica.

Johann Peter Eckermann[49]

---

[48] Q. PRINCIPE, *Musica*, Milano, Mondadori Electa, 2010, p. 200.
Novalis, pseudonimo di Georg Friedrich Philipp Freiherr von Hardenberg (Schloss Oberwiederstedt, 2 maggio 1772 – Weißenfels, 25 marzo 1801) è stato un poeta, teologo, filosofo e scrittore tedesco. Fu uno dei più importanti rappresentanti del Romanticismo tedesco prima della fine del Settecento e creatore del "fiore azzurro", ovvero il nontiscordardimé, uno dei simboli più durevoli del movimento romantico (fonte Wikipedia: https://it.wikipedia.org/wiki/Novalis).

[49] Q. PRINCIPE, *op. cit.*, p. 232.
Johann Peter Eckermann (1792-1854) è stato un poeta e critico letterario tedesco.

7.
Il suono: natura, caratteristiche, intonazioni (440 Hz e 432 Hz)

Il suono è definito come:

> la sensazione data dalla vibrazione di un corpo in oscillazione. Tale vibrazione, che si propaga nell'aria o in un altro mezzo elastico, raggiunge l'apparato uditivo dell'orecchio che, tramite un complesso meccanismo interno, crea una sensazione "uditiva" correlata alla natura della vibrazione; in particolar modo la membrana timpanica subendo variazioni di pressione entra in vibrazione[50].

Esso è originato dal movimento di un corpo (vibrazione), che mette in oscillazione le particelle del mezzo nel quale si trova (aria, acqua eccetera); queste oscillazioni si diffondono e arrivano all'orecchio che, dotato di un particolare lettore, l'organo uditivo, le decodifica, rendendole percepibili all'uomo. In linea di massima, l'essere umano ha una capacità uditiva che va dai 20 sino ai 20.000 Hz; al di sotto dei 20 Hz ci sono gli infrasuoni, mentre al di sopra dei 20.000 Hz gli ultrasuoni. A differenza della luce, il suono non si trasmette nel vuoto, mentre, come la luce, è misurato in hertz, perché sono entrambe forme di energia basate sul principio delle onde di frequenza.

Il noto critico musicale Ottó Károlyi[51] definisce il suono «il materiale della musica» e ne individua quattro caratteristiche fondamentali: timbro, intensità, intonazione e altezza. Il timbro:

---

[50] Fonte Wikipedia, voce *Suono*, in https://it.wikipedia.org/wiki/Suono.

[51] O. Károlyi, *La grammatica della musica*, Torino, Einaudi, 2000, (Piccola Biblioteca Einaudi).

> definisce il colore musicale tra una nota suonata su strumenti differenti o cantata da voci diverse. In tal modo il colore di una nota ci permette di distinguere fra vari strumenti che suonano la stessa melodia[52].

L'intensità è l'ampiezza della vibrazione, la cosiddetta "lunghezza d'onda", ed è in stretta relazione con l'altezza che è, a sua volta, la frequenza che indica il numero di vibrazioni al secondo. Un suono è più o meno alto in base al numero di vibrazioni al secondo compiute dal corpo sollecitato. Maggiore è la frequenza, cioè l'altezza del suono, più alto è il suono; minore è la frequenza, e più il suono è basso. Infine c'è l'intonazione, che spiega la necessità dei musicisti di suonare in tono. Infatti, le note devono essere tutte suonate alla stessa frequenza, altrimenti, se una nota è suonata ad esempio a 440 Hz e un'altra a 435 Hz, si crea una stonatura dovuta allo scarto di 5 battiti al secondo. L'altezza di riferimento cui devono suonare i musicisti è fissata arbitrariamente sui 440 Hz. Questa cosiddetta "altezza convenzionale" è stata scelta nel 1939, lasciando uno strascico di polemiche e sospetti che perdurano ancor oggi. Quelli che si oppongono ai 440 Hz arrivano a definire questa intonazione "nazista", nel vero senso del termine. Tale affermazione deriva dal fatto che i 440 Hz furono imposti durante la prima conferenza organizzata dal ministro della propaganda nazista Paul Joseph Goebbels, che la presentò come intonazione ufficiale germanica. Ma perché scelse proprio i 440 Hz? I detrattori di questa scelta fanno notare che il ministro tedesco apparteneva a una loggia massonica, a loro dire deviata, nonché in possesso di conoscenze esoteriche sconcertanti, tra le quali quella che attribuisce al suono la capacità di influenzare le menti. Secondo i detrattori, sembrerebbe che i 440 Hz abbiano la particolarità

---

52 Ivi, p. 21.

di indurre nell'ascoltatore uno stato di disagio, di sottomissione, di paura e di pericolo, tutti stati d'animo connessi e funzionali all'affermazione di una forma di Stato di tipo dittatoriale. A peggiorare la reputazione dei 440 Hz, ci sarebbe anche il fatto che questo tipo di frequenza è stato appoggiato con fermezza da famiglie molto influenti e appartenenti alla nobiltà europea, nonché dai vertici di una congregazione religiosa famosa per essere stata particolarmente attiva nel periodo dell'Inquisizione[53]. Ciononostante, i 440 Hz nel 1971 vennero adottati anche da parte del Consiglio d'Europa[54]. Al di là della veridicità o meno dei presunti effetti negativi di un suono a 440 Hz, certo è che pare molto strano tutto questo affanno per imporre un'altezza musicale. Perché questo interesse da parte dei vertici del mondo economico e politico? Perché fissare arbitrariamente un'altezza? Queste domande paiono ancor più legittime se prendiamo in considerazione il fatto che l'altezza musicale che viene proposta al posto dei 440 Hz è quella dei 432 Hz. Quest'ultima è considerata l'altezza armonica. La musica costruita sui 432 Hz (il *la* pitagorico), con il *do* a 256 Hz, rispetterebbe l'armonia creata dalla sezione aurea, cioè da quella proporzione divina che è presente in ogni creatura appartenente alla natura. Gli antichi artigiani e artisti conoscevano questa proporzione e la rispettavano rigorosamente nelle costruzioni e in tutte le loro opere. La proporzione divina era infatti ritenuta un vero e proprio canone di bellezza. Il termine "divina" le è stato assegnato perché è presente in tutto ciò che è stato creato dall'inconosciuto: l'universo, il nostro mondo e tutto ciò che lo anima, compreso l'essere umano, rispettano nella loro anatomia la sezione aurea. Ritornando ai 432 Hz, tenete anche in considerazione che il suono dell'*Aum*, il suono creatore per gli indiani, è proprio su questa frequenza, e nella cultura egizia gli strumenti

[53] R.T. Tuis, *432 Hertz: la rivoluzione musicale*, Battaglia Terme, Nexus Edizioni, 2010, p. 44.

[54] Ivi, pp. 41-46.

musicali erano tutti accordati sui 432 Hz. Un famoso psicologo statunitense, Joseph Campbell, ha definito il 432 "il numero misterioso della dea" e vi ha scritto un libro dall'omonimo titolo. Secondo questo autore, il 432 deve essere ritenuto una struttura geometrica e fa notare che la somma dei numeri che lo compongono (4+3+2) equivale a 9, numero magico e considerato dai pitagorici cardine dottrinario. L'autore evidenzia inoltre che tale numero ritorna nelle varie culture in molte descrizioni. Ad esempio, nel poema norvegese *Edda*, 43.200 sono i cavalieri che sorvegliano le 540 porte (800 per porta). Nei *Purana*, antichi testi indiani, si afferma che il *Kali Yuga*[55] dura 432.000 anni e che gli anni del grande ciclo sarebbero 4.320.000; un altro particolare curioso è che il cuore umano batte 60 volte al minuto che, moltiplicato per 12 ore, fa esattamente 43.200 battiti. Quest'ultimo riferimento ricorda il principio di analogia tanto caro a Hans Kayser, filosofo che riscoprì l'antica disciplina delle armoniche, riconducibile alla dottrina pitagorica e anche al sapere egizio. Kayner sosteneva che, ad esempio, tra:

> gli spettri di una foglia e gli spettri sonori, vi è un'identità tale che non rimane alcun dubbio circa la somiglianza strutturale della matrice elementare della materia. La teoria applicata consiste nel trasformare le frazioni numeriche degli intervalli musicali nelle corrispondenti porzioni dell'angolo giro, di quello piatto e di quello retto[56].

Premesso tutto ciò, mi sorge spontanea un'ulteriore domanda: ma se tutto è calibrato sui 432 Hz, se questa è definita

---

[55] Il *Kali Yuga* è l'epoca attuale, un'era oscura contrassegnata da discordie e da diffusa ignoranza spirituale.

[56] A. di Benedetto, *All'origine fu la vibrazione*, Battaglia Terme, Nexus Edizioni, 2011, p. 41.

armonica, e se in essa vive una tradizione musicale così antica, perché qualcuno si è fissato al punto di voler imporre i 440 Hz anche a livello istituzionale?

8.
Il potere del suono: da E.F. Chladni a Carlo Ventura

Lascio sospesi questi discorsi, con la promessa di riprenderli. Continuiamo ora il nostro viaggio nel suono, e lo voglio fare partendo dalla sua interazione con la materia, arrivando sino addirittura a distruggerla. Come? Un esempio lo ha fornito la cantante jazz Ella Fitzgerald, che riusciva a frantumare un bicchiere con la sua voce. Ciò è possibile in quanto la voce umana (raramente ma è possibile) è in grado di produrre lo stesso suono che produrrebbe l'oggetto sollecitato. Il bicchiere, normalmente usato per bere, può tintinnare se lo colpiamo leggermente con una posata, o generare un particolare suono se facciamo scorrere un polpastrello lungo il bordo del calice. Ci sono artisti capaci di eseguire interi brani in questo modo. Quando la voce umana o un altro strumento produce la stessa frequenza vibratoria del vetro, quest'ultimo entrerà in risonanza, la forza di coesione delle particelle di vetro verrà annientata e il bicchiere si frantumerà. Questo fatto dovrebbe far riflettere sul potere del suono e sui suoi potenziali effetti, e non solo a scopo benefico. Ad oggi, infatti, non sono pochi i suoi impieghi per arrecare male agli altri, al punto addirittura da essere reputato un'arma bellica: «dai bombardamenti di rock compiuti dall'esercito americano in Iraq, all'*heavy metal* a tutto volume usato come strumento di tortura a Guantánamo»[57]. Senza poi considerare tutte le potenzialità delle armi a infrasuoni. Tornando a noi, per comprendere meglio tutto questo discorso, converrà tenere bene a mente che il corpo umano è anche uno splendido strumento musicale, dal più evidente e noto battito cardiaco, al rumore delle fasce muscolari che scivolano le une sulle altre, allo scorrere del sangue, al respiro che

[57] J. VOLCLER, *Il suono come arma. Gli usi militari e polizieschi dell'ambiente sonoro*, Roma, DeriveApprodi, 2012.

entra ed esce, al suono dei capelli che crescono, a quello della pelle che si rigenera, della saliva che si produce eccetera: siamo una vivente, inconsapevole orchestra, di cui non conosciamo ancora il direttore. Ma, oltre a ciò, che di per sé è già affascinante, siamo anche dotati delle corde vocali, grazie alle quali possiamo emettere moltissimi suoni e melodie meravigliose (se intonati si intende!). Ma se il suono mette in movimento le particelle di materia, se un determinato suono può rompere un bicchiere, se altri suoni dispongono la sabbia su una lastra di vetro facendole assumere disegni splendidi e armonici, o viceversa disarmonici e brutti, sarebbe così tanto fantasioso dedurre che un determinato suono melodioso, della voce umana e di qualunque altro strumento, possa agire anche sull'uomo, sulle sue strutture molecolari e addirittura a livello cellulare? Potrebbe, in altri termini, il suono armonico effettivamente guarirci? E, se così fosse, varrebbe anche il contrario? Potremmo essere danneggiati da un suono cattivo? La risposta necessita di una premessa, per la quale occorre andare a conoscere alcuni scienziati che per primi hanno fatto esperimenti di natura fisica, mettendo in relazione materia e suono. Quello che hanno scoperto – già ve lo anticipo – è meraviglioso. Sarà poi interessante vedere se effettivamente questi studi possano aver implicazioni anche sulla salute fisica e mentale dell'essere umano e, ancor più in generale, se non sia il caso di valutare la bontà del suono in base alla sua capacità "armonica" rispetto all'essere umano e alle sue strutture biologiche e psicobiologiche.

Adesso andiamo a conoscere alcuni scienziati del suono che ci aiuteranno a capire meglio tutto questo discorso.

Ernst Friedrich Chladni (1756-1827), fisico, giurista e musicista tedesco, è famoso per l'affascinante esperimento delle lastre vibranti. Chladni è riuscito a dare un enorme contributo alla fisica moderna proprio in merito alla scienza del suono, individuando il metodo per rendere visibile ciò che le onde sonore generano nei materiali con cui entrano in contatto.

Mettendo in vibrazione delle lastre ricoperte di sabbia fine con un archetto di violino, scoprì che determinati suoni facevano vibrare le lastre, le quali a loro volta trasmettevano il movimento vibratorio ai granelli di sabbia, che assumevano particolari forme geometriche, oggi chiamate "figure di Chladni": uno spettacolo davvero incredibile ma vero, andate a vedere coi vostri occhi su YouTube[58]! Questa fu, e rimane a tutt'oggi, una scoperta molto importante, perché rende visibile e chiaro l'effetto del suono sulla materia in un determinato contesto (lastre-suono-sabbia). Dall'esperimento di Chladni deriva che il suono crea forme geometriche spostando i granelli di sabbia. Ma la cosa più strabiliante è che ogni nota musicale posiziona i granelli in un dato modo, creando un disegno corrispondente. Musica e geometria si manifestano così nei disegni creati dal suono con la sabbia. Non sembra proprio magia?

Ebbene, se la voce intonata su determinate frequenze è capace di rompere i materiali e il suono di uno strumento di creare delle figure geometriche, è chiaro che la vibrazione del suono ha il potere di produrre degli effetti concreti e tangibili e che, con molta probabilità, in qualche modo agiscono anche sul nostro corpo e sulla nostra mente. Questo comunque lo vedremo più avanti. Intanto ricordate che la vibrazione del suono è in grado di entrare in azione con la materia e di produrre sulla stessa delle importanti conseguenze, arrivando addirittura a provocarne la rottura.

Sulla scia delle scoperte di Chladni, si collocano poi gli studi, più recenti, di **Hans Jenny** (1904-1972), medico e naturalista svizzero, considerato il padre della cimatica, la scienza delle onde. Egli studiò e ampliò la ricerca di Chladni, andando a osservare gli effetti delle vibrazioni sonore sui fluidi, sulle polveri e sugli impasti. Per i suoi studi, raccolti nel libro *Cymatics*[59], usò un fonoscopio e scoprì che, a seconda dei suoni

[58] Https://www.youtube.com/watch?v=Qf0t4qIVWF4.

[59] H. Jenny, *Cimatica: lo studio dei fenomeni ondulatori*, 2 voll., Basilea,

impiegati, tutti i materiali trattati creavano figure geometriche e più i toni erano bassi, più le figure erano semplici, più i toni erano alti, più le figure erano complesse. La scoperta evidenziò che a determinati suoni corrispondono sempre gli stessi disegni. Anche le ricerche del giapponese **Masaru Emoto** (1943-2014)[60] vanno in questa direzione. Egli infatti ha dimostrato che i cristalli d'acqua modificano la loro forma a seconda del tipo di suono a cui è sottoposta l'acqua[61]. Emoto ha fotografato la forma dei cristalli prodotti in diverse circostanze sonore e ha dimostrato che, se l'acqua viene stimolata con parole dolci e amorevoli, si formeranno cristalli belli e armoniosi; viceversa, se l'acqua è esposta a parole sgradevoli o negative, i cristalli assumeranno una forma brutta e disarmonica. Lo stesso accade con la musica: le armonie di Beethoven e Mozart creano cristalli belli e regolari, mentre la musica *heavy metal* genera strutture irregolari e disarmoniche.

Tutto ciò assume una particolare importanza nel momento in cui ricordiamo di essere noi stessi composti per almeno il 70% di acqua. Quindi ne possiamo conseguire che il nostro stato, sia fisico che d'animo, può essere fortemente condizionato dai suoni che percepiamo e dalle parole che pronunciamo o ascoltiamo.

Del resto, la musica è stata sempre considerata influente sulla salute umana, al punto che nel XX secolo è nata una disciplina specifica, la musicoterapia. Quest'ultima si basa sul concetto che l'universo è costruito in base a princìpi musicali, che tutto ruota nel rispetto di un'armonia e di un ritmo precisi. Anche il corpo umano sottostà a questi princìpi; pertanto, là dove si presenta una malattia, sia essa di natura psicologica o biologica, questa altro non è che una perdita di ritmo e di armonia. La musicoterapia quindi ritiene il suono uno strumento

---

Basilius Press, 1974.

[60] Masaru Emoto è stato uno scienziato e ricercatore giapponese.

[61] M. EMOTO, *Il miracolo dell'acqua*, Vicenza, Il Punto d'Incontro, 2007.

di guarigione e oggi è diffusa al punto che è stata creata anche una Federazione italiana di musicoterapeuti.

Alcuni studi a sostegno dell'effetto della musica, o più in generale dei suoni, sulla salute sono i seguenti.

Ananda Bosman asserisce di aver eseguito dei test dai quali è emerso che la musica da lui composta con i criteri sopra indicati (cioè con l'impiego contestuale della musica a 432 Hz e della matematica di Waclaw Sierpiński) produce effetti diretti sul sistema nervoso centrale. Altri test effettuati impiegando solo la musica a 432 Hz (senza quindi il protocollo che prevede l'utilizzo del metodo di Sierpiński) non hanno però dato gli stessi risultati.

Fabien Maman, agopuntore, ricercatore bioenergetico e musicista, negli anni Ottanta condusse una ricerca, con la biologa Helene Grimal dell'Università di Jussieu di Parigi, circa l'effetto del suono sulle cellule cancerose. Maman documentò la sua ricerca con una serie di fotografie e alla fine del suo lavoro affermò:

> Near the end of the scale, usually around the seventh interval, the cancer cells exploded. It appears that the cancer cells were not able to support a progressive accumulation of frequencies. [...] The healthy cells appeared supple and able to freely receive, absorb and return the energy. In contrast, the cancer cells appeared inflexible and immutable in their structure. [...] Hela cancer cells being broken up by the musical scale played on a xylophone[62].

Successivamente, Maman incontrò il fisico francese Joël Sternheimer, il quale scoprì la frequenza vibratoria delle particelle elementari e arrivò alla conclusione che, quando c'è un

[62] F. MAMAN, *Quando la musica guarisce*, Torino, Amrita, 2001.

problema nel corpo umano, vuol dire che l'organo malato non vibra più secondo la sua natura ma che, se sottoposto alle note che corrispondono a esso, incomincia di nuovo a vibrare regolarmente. In seguito, Maman integrò le sue conoscenze con la scienza del suono di *Kototama*, un'antica disciplina giapponese secondo la quale ogni parola è portatrice di un determinato potere capace di creare la realtà. Maman iniziò così nuove sperimentazioni con l'aiuto di Helene Grimal e altri ricercatori, fondando un vero e proprio team di ricerca. Insieme fecero molte scoperte, ad esempio osservarono che suonare la nota *do* produceva un allungamento della cellula, il *mi* creava una forma arrotondata, e così via[63]. Quale impiego pratico e quale sèguito abbiano trovato queste ricerche nel mondo scientifico non ci è dato sapere.

Ma andiamo avanti. In Italia, il professor **Ferdinando Nicoletti**, nel laboratorio di Neurofarmacologia del dipartimento di Patologia molecolare dell'Irccs Neuromed di Pozzilli (Isernia), ha portato avanti una ricerca, pubblicata poi sulla rivista scientifica internazionale «Pharmacological Research», dalla quale emerge che le particolari condizioni ambientali che si creano durante un *rave party* (sovraffollamento, musica *techno* ad alto volume e forti luci intermittenti) «sono capaci di creare disfunzioni neurologiche simili a quelle provocate dall'*ecstasy* stessa»[64].

Jacob Jolij, neuroscienziato dell'Università olandese di Groningen, ha studiato l'effetto della musica sull'umore delle persone. Alla fine della sua ricerca, egli ha dichiarato:

---

[63] Ibidem; inoltre si veda: *Sound Cellular Research*, febbraio 2005, in http://tama-do.com/roothtmls/cell-research.html.

[64] *Irccs Neuromed: Lo stress di un rave party può causare alterazioni simili a quelle dell'ecstasy*, 22 luglio 2015, in: http://www.lescienze.it/lanci/2015/07/22/news/rave_stress_ecstasy_alterazioni_neurologiche_neuromed-2699963/.

> La mia analisi ha confermato molto bene quello che già sapevamo dalla letteratura: canzoni scritte con dei toni alti e con un ritmo veloce sono i migliori per trasmettere emozioni positive. Praticamente per stare "bene" gli intervistati ascoltano canzoni in tonalità maggiore (salvo uno o due) e tutti i brani hanno un ritmo di almeno 10 bpm in più rispetto alla media delle canzoni *pop*. [...] Dai dati che abbiamo raccolto emerge chiaramente come la musica possa influenzare il nostro umore[65].

Dallo stesso studio, è emerso che le canzoni aventi un impatto migliore sull'umore delle persone sono *Don't Stop Me Now* dei Queen, *Dancing Queen* degli Abba, *Good Vibrations* dei Beach Boys e *Uptown Girl* di Billy Joel.

E ancora, una recente ricerca dell'Università George Mason di Fairfax ha dimostrato addirittura che il suono può spegnere il fuoco, e lo ha proposto come possibile metodo in sostituzione a quelli attualmente in uso.

Se poi consideriamo gli infrasuoni e gli ultrasuoni, le ricerche e le prove son ben più numerose e le tecniche connesse ampiamente utilizzate anche negli ospedali. Ad esempio, con gli ultrasuoni viene compiuta una terapia che impiega le onde acustiche ad alta frequenza, tra 1 e 3 MHz, che hanno effetto antinfiammatorio. Tale terapia è usata per borsite, tendinite, dolori alla schiena, artrosi e calcificazioni e infine anche per sciogliere le aderenze. Gli infrasuoni, invece, sono onde acustiche a bassa frequenza, comprese entro i 20 Hz. Sul corpo umano hanno un effetto nocivo, provocando sentimenti di soggezione o paura,

---

[65] C. Gregoire, "*Don't Stop Me Now" dei Queen è la canzone più positiva di tutti tempi. La rivelazione in uno studio scientifico*, 23 settembre 2015, in: http://www.huffingtonpost.it/2015/09/23/canzoni-positive_n_8181484.html.

e sono anche causa di ansia, tristezza, brividi e impercettibili spostamenti d'aria. Per questo motivo alcuni film, in genere quelli horror, hanno inserito gli infrasuoni nelle loro colonne sonore, in modo da amplificare l'effetto di disagio e disorientamento nel pubblico. Degli esempi che posso farvi sono *Irréversible* e *Paranormal Activity*.

Tuttavia, basta alzare di poco le frequenze per scoprire anche effetti benefici. Secondo una ricerca condotta dall'Università di Toronto nell'ambito del progetto Music and Health Research Collaboratory (MaHRC), coordinata da **Lee Bartel** della facoltà di Musica, suoni leggermente superiori ai 20 Hz sarebbero molto utili contro il Parkinson e tutte quelle malattie muscolari che portano rigidità ai tessuti. La terapia, chiamata dall'équipe *Vibroacoustic Therapy*, consiste in un massaggio profondo che sfrutta le onde a bassa frequenza, scelte nel range tra i 30 e i 100 Hz. In un articolo su «La Stampa» dell'8 maggio 2012, in merito a questa terapia leggiamo:

> «Si tratta essenzialmente di stimolare il corpo con il suono molto basso: come sedersi su un *subwoofer* – ha spiegato nel comunicato UT il professor Bartel – Ma richiede altoparlanti speciali che riproducono un suono troppo basso per essere udito in un modo che cambia sostanzialmente ciò che si prova, piuttosto che udirlo».
>
> Gli esperimenti condotti da Bartel e colleghi hanno mostrato come queste basse frequenze, inudibili all'orecchio umano, possano per contro ridurre, per esempio, i sintomi della malattia di Parkinson. Nello specifico, i ricercatori hanno esposto a vibrazioni sonore di 30 Hz due gruppi di venti pazienti affetti da questa malattia e che mostravano almeno due dei classici sintomi dominanti, quali tremore o rigidità e lentezza motoria.

Al termine dei test, tutti i partecipanti – indipendentemente dal gruppo di appartenenza – hanno manifestato miglioramenti su tutti i sintomi, in particolare diminuzione nella rigidità e miglioramento nella velocità di deambulazione con un aumento della falcata nel camminare. Allo stesso modo è diminuito il tremore.

«Ci sono stati diversi studi che hanno utilizzato le vibrazioni del suono nel Parkinson – commenta Bartel – È noto da oltre cento anni che le vibrazioni in generale hanno contribuito ad alleviare alcuni sintomi. Così lo studio scientifico degli effetti del suono a bassa frequenza è stato una connessione naturale. È anche noto che le onde cerebrali a 40 Hz sembrano essere portatrici di informazioni tra le parti del cervello che controllano il movimento. Quindi l'aggiunta di un ulteriore stimolo in quella zona che dovrebbe aiutare la comunicazione e così aiutare nel controllo del movimento».

L'intento dei ricercatori è quello di riuscire a determinare quale sia il tipo di approccio più efficace, per quanto tempo sia da praticare il trattamento e, infine, se con l'ausilio dei suoni a bassa frequenza sia possibile ridurre il ricorso ai farmaci.

«La *Vibroacoustic Therapy* (Terapia Vibroacustica) potrebbe riuscire ad arrivare laddove le semplici frequenze non possono, andando oltre i normali effetti sul cervello e agendo in profondità anche sul fisico. La stimolazione di pelle, muscoli, articolazioni e perfino organi permetterebbe di ridurre dolore e favorire una maggiore mobilità. Sono diverse condizioni mediche, tra cui il Parkinson e il dolore nevralgico come la fibromialgia, che possono essere correlate a un meccanismo cerebrale comune: un disorientamento ritmo cerebrale tra il cervello e la corteccia interna esterna – sottolinea Bartel – Dato che gli impulsi ritmici della musica possono guidarli e stabilizzarli [il giornalista si riferisce al ritmo cerebrale tra cervello e corteccia; *Nda*], ipotizziamo che il suono a bassa frequenza possa aiutare nella fibromialgia così come nella malattia di Parkinson»[66].

L'uso delle onde a bassa frequenza non è però una scoperta recente, in quanto studi sull'argomento furono avviati già negli anni Settanta in Svezia[67]. Tuttavia, oggi qualcosa si sta muovendo e diverse ricerche sempre più ufficiali stanno emergendo circa l'influenza delle onde sonore sulla salute umana.

In Italia, meritano di essere ricordati gli studi e soprattutto i risultati ottenuti dal professor **Carlo Ventura**[68]**.** Egli ha dimostrato che le cellule emettono vibrazioni acustiche, con le quali comunicano il loro stato di salute e la loro potenzialità differenziativa. Ogni cellula, secondo Ventura e la sua équipe, produce un suono (*pattern* di vibrazioni) che varia a seconda dell'attività che sta svolgendo la cellula[69]. «Sulla base di questi

---

[66] *Il suono nella cura delle malattie*, in «La Stampa», 8 maggio 2012, in http://www.lastampa.it/2012/05/08/scienza/il-suono-nella-cura-delle-malattie-vLcdc3DjgScaL0GRWPs8lN/pagina.html.

[67] E. McKusick, *The Therapeutic Use of Sound in Alternative and Conventional Medicine*, in http://www.faim.org/complementaryalternative/therapeutic-use-sound-alternative-conventional-medicine.html.

[68] Carlo Ventura è professore ordinario del dipartimento di Medicina specialistica, diagnostica e sperimentale dell'Università di Bologna Alma Mater Studiorum e direttore dell'Istituto nazionale di biostrutture e biosistemi del Sant'Orsola.

[69] In https://www.youtube.com/watch?v=D4TmmuKNEac, si può ascoltare il suono del lievito che, alla temperatura di trenta gradi, se vivo, suona come un campanello, mentre, se morto, fa un rumore cacofonico, che ricorda molto il suono della radio quando non riesce a sintonizzarsi su alcun canale.

risultati, stiamo lavorando all'ipotesi che l'applicazione di energia sonora possa governare il processo di differenziazione cellulare»[70]. Lo scienziato ha dovuto addirittura coniare un nuovo termine, la "sonocitologia", per descrivere l'ambito in cui operano le sue scoperte. Alla base delle scoperte di Ventura, c'è l'affermazione che tutte le cellule, anche quelle staminali, hanno la capacità di produrre e sentire energie fisiche, quali vibrazioni acustiche, subsoniche e campi elettromagnetici. Ciò premesso, vale anche il principio per cui queste energie possano essere impiegate per "parlare" alle cellule[71].

Questo è quanto è riuscito a fare anche il musicista jazz Milford Graves, che, spinto da motivi personali, si è cimentato nello studio del cuore e del suo ritmo, riuscendo a registrarne il suono e a trasformarlo in segnali audioelettrici, comprendenti sequenze definite "frequenze coerenti" con i microritmi del cuore[72]. Pare che questi suoni possano ristabilire il funzionamento del cuore.

Meritano una menzione anche le ricerche del professor Adnan Qureshi, neurochirurgo docente dell'Università del Minnesota, che per dieci anni ha studiato, prendendo in esame 4.435 persone tra i trenta e i settantacinque anni, la relazione tra le vibrazioni prodotte dalle fusa del gatto e il funzionamento del cuore. Delle persone analizzate la metà aveva un gatto, mentre l'altra metà no. Dallo studio è emerso che chi ha un gatto abbassa del 40% il rischio di avere malattie cardiovascolari, infarti e ictus rispetto a chi non ne abbia uno. Sembrerebbe quindi che le fusa del gatto, che vanno dai 20 ai 140 Hz, ab-

---

[70] M. Amaduzzi, *Suoni e cellule: la via del futuro*, in «Corriere di Bologna», 20 gennaio 2016.

[71] C. Ventura, *Suoni e cellule staminali: vibrazione mutante per il futuro della Medicina Rigenerativa*, 25 maggio 2016, in https://www.youtube.com/watch?v=SvgZX_vbrDc.

[72] *La relazione tra musica e scienza*, in «Musica e scienza», gennaio-marzo 2014.

biano il potere di regolarizzare il battito cardiaco umano e anche la pressione sanguigna.

Tutte le ricerche che ho menzionato sin qui hanno ampiamente risposto alle domande che mi ero posta prima di addentrarmi con voi in questa carrellata di ricerche scientifiche relative al suono. Ora possiamo quindi affermare che è dimostrato l'effetto del suono sulla materia, sul corpo umano e anche sulla psiche. Inoltre, il professor Ventura ha anche fornito la prova che le cellule del corpo umano emettono un suono preciso a seconda del loro stato di salute. A questo punto, la sfida degli scienziati italiani sarà quella di verificare se sia possibile ottenere la guarigione proprio trasmettendo alla cellula il suono corrispondente allo stato di salute, una sorta di comunicazione sonora, o forse di immersione della cellula nel suono corretto, affinché si risintonizzi con la vita, come quando si tingono gli abiti sbiaditi e li si immergono nel colore per restituirgli il colore originario. E, a proposito di colore, a questo punto mi piacerebbe sapere se, oltre a emettere suoni, le cellule emettano anche luce; e, in tal caso, troverei anche interessante verificare se ci sia una relazione tra il suono e la luce da essi prodotti. E perché no, se non sia che, insieme, suono e colore, trovate le giuste relazioni, non possano collaborare meglio per garantire la salute.

Certo è, in ogni caso, che viviamo immersi in un mondo di energia, e noi stessi siamo energia. Tutte le vibrazioni che ci circondano – sonore, elettromagnetiche (luce-colori) e campi magnetici – operano un'influenza (sia positiva che negativa) sul nostro benessere. Ma attenzione, perché anche le nostre vibrazioni, quelle emesse dal nostro corpo e dalla nostra mente, interagiscono con la realtà che ci circonda, contribuendo a creare quel dialogo tra dentro e fuori, tra noi e il mondo che costruisce la nostra vita, non solo per quanto riguarda la salute ma anche lo stile di vita, i risultati e il racconto che riusciamo a scrivere di noi stessi. Molto importanti sono proprio anche le vibrazioni emesse dalla nostra mente, ovvero i nostri pensieri. In alcuni casi, essi si manifestano direttamente e in modo manifesto sul corpo, e più è forte quello che pensiamo, più è forte l'effetto sul corpo. Provate a ricordare quando vi viene l'acquolina in bocca pensando a un cibo molto succulento, tutte le volte che, passeggiando, avete iniziato a sorridere pensando a qualcosa di bello, e ancora cosa succede nel nostro corpo quando si hanno particolari fantasie... E stiamo solo pensando… Ecco che queste relazioni ci dovrebbero far ben comprendere quanto sia correlato il pensiero con il corpo, e, di conseguenza, quanto il pensiero possa essere usato come sistema di programmazione su di noi. Controllare, bloccare, trasformare, dirigere sono tutte azioni o comandi che possiamo impartire al pensiero e con cui possiamo conseguentemente cambiare il nostro modo di vivere, perché noi possiamo guidare, modificare, plasmare i pensieri a nostro piacimento e questo potrebbe cambiarci la vita. Hermann Hesse lo dice chiaramente nella sua opera forse più letta, *Siddharta*: «Ognuno può compiere opere di magia, ognuno può raggiungere i propri fini, se sa pensare, se sa aspettare, se sa digiunare»[73].

Non dobbiamo dimenticare però che il pensiero è convogliato nelle parole, che ne diventano la manifestazione concreta e tangibile, all'udito se trasmesse tramite la voce, alla vista se scritte. Pertanto, quanto ho detto per i pensieri vale anche per le parole: quando le ascoltiamo e le leggiamo, le lasciamo agire in noi e quelle che pronunciamo agiscono anche negli altri. È molto importante, più di quanto si possa immaginare, saper pensare e parlare, perché tutto si ripercuote innanzitutto su di noi, anche se noi ne siamo solo gli emittenti e non i destinatari. Buddha diceva: «Le parole hanno il potere di distruggere e di creare. Quando le parole sono sincere e gentili possono cambiare il mondo». Di sicuro non ci sono controindicazioni, perché non provarci quindi?

[73] H. HESSE, *Siddharta*, Milano, Adelphi, 2009.

9.
La sinestesia nel pensiero di filosofi, musicisti, scrittori e pittori

Colore e suono sono aspetti talmente forti e caratterizzanti la nostra realtà che non potevano passare inosservati a quelle menti sofisticate e geniali che hanno lasciato un segno nel patrimonio culturale e artistico del nostro mondo. Sia separatamente che insieme, colori e suoni hanno sempre suscitato il loro interesse, e non solo per l'uso artistico che alcuni di essi, pittori e musicisti in particolare, ne facevano, ma anche per il mistero che circondava (e continua a circondare ancor oggi) queste entità cromatiche e sonore. Perché esistono i colori? Perché la natura in ogni suo regno si manifesta con una varietà cromatica da lasciare senza fiato? Non era più semplice lasciare tutto bianco e nero, magari con un'ampia scala di grigi? E poi, perché proviamo piacere nel vedere i tramonti che infiammano i paesaggi, le distese viola dei campi di lavanda, l'azzurro cristallino dei mari caraibici o lo spettacolo degli arcobaleni che lanciano ponti irraggiungibili costruiti coi sette colori? E così anche per i suoni: perché alcuni animali emettono suoni e canti magnifici? Perché proviamo piacere nell'ascoltare le melodie o sentiamo il bisogno di esprimerci cantando noi stessi? Cosa sono veramente colori e suoni per l'essere umano e per la natura del nostro pianeta? Perché l'espressione artistica è così importante per l'essere umano? Cos'è e da dove scaturisce veramente quella forza espressiva che chiamiamo arte e che l'uomo declina in mille modi diversi?

Come sempre tante domande, alle quali, come anticipavo poco sopra, i primi filosofi hanno cercato di dare delle risposte, ognuno di essi con la propria sensibilità e spinto dalle proprie domande. Vediamone alcuni.

Empedocle (483-423 a.C. circa) è il primo filosofo che si è occupato del colore. Riteneva che tra le cose e i colori ci fosse una relazione precisa e aveva individuato per ogni elemento un colore corrispondente: per lui l'aria e la terra erano rispettivamente di colore giallo e rosso, il fuoco e l'acqua di colore bianco e nero. Ad affascinare in particolare Empedocle erano gli arcobaleni, e alla fine egli giunse alla conclusione che fossero il frutto dell'incontro del fuoco (il sole) con l'acqua (la pioggia). Per quanto riguarda invece i colori, si convinse che essi fossero il risultato dell'incontro del bianco con il nero; questa teoria la ritroveremo molti secoli più tardi, quando Goethe la riproporrà con fermezza[74].

Platone (428/7-348/7 a.C.) segue il pensiero di Empedocle. Rispetto al colore, era sua convinzione che esso fosse fuoco che emana dagli oggetti, indipendentemente sia dalla presenza di qualcuno che li osservi, sia dalla presenza di luce. Quanto al suono, dobbiamo considerare che la musica era una delle principali arti nell'antichità; proprio partendo da questa premessa, possiamo meglio comprendere ciò che Platone affermava nella *Repubblica*, e cioè che l'uomo incolto fosse proprio colui non iniziato né alla musica né alla filosofia; e ancora che:

> ... la musica è una legge morale. Essa dà un'anima all'universo, le ali al pensiero, uno slancio all'immaginazione, un fascino alla tristezza, un impulso alla gaiezza, e la vita a tutte le cose[75].

Aristotele (384/3-322 a.C.) è ritenuto l'autore di due trattati, uno sul colore e uno sul suono, anche se vi sono alcuni dubbi circa l'effettiva paternità di queste opere. È indubbio però che il filosofo e gli allievi del Peripato avessero studiato e dedicato molto spazio ai rapporti tra colore e suono, partendo proprio

---

[74] J.W. GOETHE, *La teoria dei colori*, Milano, Il Saggiatore, 2003.

[75] E. MOUTSOPOULOS, *La musica nell'opera di Platone*, Milano, Vita e Pensiero, 2002.

dagli studi già precedentemente condotti da Platone. All'interno della scuola aristotelica, inoltre, si era sviluppata una prassi molto interessante: gli studenti disponevano i colori in fila o in cerchio e associavano a ciascuno di essi un suono. L'accostamento dei due elementi e la convinzione dell'esistenza di una stretta correlazione tra gli stessi portò i greci a descrivere colori e suoni usando le stesse parole: *chroia* e *chroma*, *kínesis*, *dýnamis*, *logos*, *mixis*, e le più familiari *harmonía*, *rhythmos* e *tonos*[76]. Questo spiega con chiarezza il grande ricorso all'analogia tra fenomeni acustici e cromatici da parte di Aristotele.

Pitagora (570-475 a.C. circa) lo ricordiamo tutti, credo, per la famosa teoria della musica delle sfere, ancora oggi molto considerata e citata. La sua visione della musica era perfettamente in armonia con la cultura greca del suo tempo, che concepiva il cosmo come una lira a sette corde suonata da Apollo, il dio sia della luce che della musica, fatto che io reputo un indizio a favore della tesi secondo la quale suono e colore sono intimamente legati.

Tornando a Pitagora, egli riteneva che i pianeti, muovendosi, creavano una sinfonia, la cosiddetta armonia celeste. In questa visione, come in una grande orchestra cosmica, ciascun pianeta era dotato di un suono e di un ruolo. Le distanze tra i pianeti e la posizione del Sole, considerata centrale rispetto a questi, erano dati fondamentali nella teoria pitagorica, che venne ripresa anche da Platone nel *Timeo*.

Il ruolo delle misure-distanze è evidente nello studio sul monocordo. Pitagora aveva scoperto che una corda emette un suono, ma, se si divide la stessa corda in due parti uguali, ciascuna di esse produrrà un suono pari a un'ottava superiore di quello suonato dal monocordo. Questo studio mette in risalto la relazione tra suono e lunghezza, quindi, da una parte, il suono ha ovviamente un tempo di propagazione nello spazio, ma, dall'altra,

---

[76] ARISTOTELE, *I colori e i suoni*, a cura di M.F. FERRINI, Milano, Bompiani, 2008.

anche corde di lunghezza diversa producono suoni differenti. Questa riflessione mi ha fatto ricordare un'altra cosa, e cioè che la luce è uno strumento per misurare lo spazio. Tutti abbiamo sentito parlare di "anni luce", magari nei film di fantascienza, vero? Bene, l'anno luce non è altro che «la distanza che un fotone percorre nello spazio vuoto in assenza di campo gravitazionale o magnetico in un anno giuliano». Vorrà dire qualcosa?

Ritornando al nostro filosofo, invece, egli era giunto alla conclusione che la musica rivestisse un ruolo fondamentale nella creazione e nella vita dell'universo, e aveva intuito l'esistenza di un profondo legame tra musica e geometria, al punto che affermò che «la geometria è musica solidificata». Se leggiamo questa frase alla luce delle scoperte di Chladny e Jenny di cui ho scritto nel capitolo precedente, non possiamo non riconoscere in questa asserzione un grande valore scientifico e un'ulteriore conferma della grandezza del pensiero di Pitagora.

Leonardo da Vinci (1452-1519), considerato una personalità centrale del Rinascimento italiano, è passato alla storia come genio assoluto e indiscusso. Egli concentra in sé, con la stessa magnificenza, le capacità intellettuali dello scienziato e quelle dell'artista[77]: arte e scienza in lui sono due facce di una stessa medaglia, quella del genio. Approfondì tutti i campi del sapere del suo tempo, nessuno escluso, anticipando addirittura creazioni che sono state realizzate solo molti secoli dopo la sua morte.

Ciò premesso, sappiamo con certezza che Leonardo approfondì gli studi sulla luce e sul suono, arrivando a sostenere che «a le stesse leggi obbediscono le onde sia dell'acqua sia del suono e della luce»[78]. Questa affermazione è chiara: per il genio

---

[77] Leonardo da Vinci era anche un musicista: insegnava a suonare la lira e, inoltre, progettò e costruì molti strumenti musicali. Un suo progetto famoso è la viola organista, unico strumento ad arco-tastiera, che nella nostra epoca è stato realizzato dal costruttore Akio Obuchi.

[78] A. di Benedetto, *op. cit.*, p. 91.

rinascimentale esiste dunque un ordinamento comune che regola il comportamento e la manifestazione degli elementi citati, che a noi, profani osservatori, sembrano invece diversi. In questa direzione, poi, potrebbero forse essere interpretate anche le ultime teorie della fisica dei quanti e delle superstringhe, secondo le quali ogni cosa è generata da onde vibrazionali, considerate l'origine prima della realtà apparente. Se queste teorie fossero vere, così come l'affermazione di Leonardo, allora scoprire il funzionamento delle stringhe svelerebbe anche il comportamento della luce, del suono e dell'acqua.

Giuseppe Arcimboldi (1527-1593), che conosciamo tutti per quei ritratti creati con la frutta e la verdura, fu probabilmente il primo artista a essersi cimentato nello studio concreto delle relazioni tra colore e suono, arrivando a costruire il clavicembalo colorato. Lo studio dell'Arcimboldi partì dal sistema pitagorico delle proporzioni armoniche di toni e semitoni e, sulla base di quelle, creò una scala cromatica di riferimento che metteva in relazione i due elementi.

Voltaire (1694-1778), filosofo, scrittore, poeta e intellettuale francese, nel 1738 pubblicò un'opera, intitolata *Elementi della filosofia di Newton*, nella quale evidenziò l'esistenza di una relazione tra colore e musica.

Louis Bertrand Castel (1688-1757), conosciuto come padre Castel, era un matematico e gesuita francese; scrisse diverse opere, tra le quali *l'Optique des couleurs* del 1740. Il padre gesuita studiò a fondo la relazione tra suono e colore. Egli partiva dal fatto che le due entità avessero la stessa natura ondulatoria, fossero fenomeni vibrazionali e procedessero in direzione rettilinea. Notava che si assomigliavano, ma non riuscì mai a scoprire i rapporti armonici tra i colori, elemento che probabilmente avrebbe permesso – e permetterebbe tutt'oggi – la corretta analogia con il suono. Cionostante, Castel cercò di dimostrare la somiglianza tra suoni e colori sino alla fine, dedicandosi alla creazione del clavicembalo oculare, uno strumento che produceva colori e suoni contemporaneamente, pur precisando egli stesso che, non essendo un artigiano ma un filosofo, il significato del suo lavoro doveva essere letto filosoficamente e non valutato sulla base della realizzazione dell'oggetto. L'opera di Castel ispirò certamente Aleksandr N. Skrjabin nel suo analogo progetto[79].

Edmund Burke (1729-1797), conosciuto anche come "il Cicerone britannico", scrisse il libro *Un'indagine filosofica sull'origine delle nostre idee di Sublime e Bello*, nel quale affermava che le parole possono agire sulla mente unicamente grazie al loro suono, senza risvegliare alcuna immagine corrispondente. L'affermazione è notevole! Burke parte da Nicholas Saunderson, professore di matematica all'Università di Cambridge, un uomo dotto, con una grande conoscenza della filosofia naturale, dell'astronomia e di tutte le scienze connesse con la matematica, il quale, nonostante fosse cieco:

> tenne insigni conferenze sulla luce e sul colore, ed insegnò agli altri la teoria delle idee che essi avevano e che egli indubbiamente non aveva, ma è probabile che le parole rosso, azzurro, verde agissero su di lui come le idee dei colori stessi, poiché, essendo possibile applicare a queste parole le idee di gradi maggiori o minore di rifrangibilità, e sapendo il cieco sotto quali rispetti i colori s'accordassero o no, era tanto facile per lui ragionare sulle parole, come se fosse stato padrone assoluto delle idee[80].

Immanuel Kant (1724-1804), altro filosofo di grande ca-

---

[79] S. MESSINA – P. TRIVERO (a cura di), *Metamorfosi dei Lumi*, Torino, Accademia University Press, 2012.

[80] E. BURKE, *A Philosophical Enquiry into the Origin of Our Ideas of the Sublime and Beautiful*, Oxford, Oxford University Press, 1998.

ratura, riprendendo l'esempio di Burke e quindi Saunderson, scriveva:

> Si deve ammirare come alcuni parlino di cose che né capiscono, né sentono e però vengono capite da altri. Saunderson, professore a Cambridge e successore di Newton, era cieco dalla nascita e tuttavia insegnava la matematica e l'ottica in modo molto chiaro, aveva udito da altri i diversi modi del calcolo dei raggi luminosi e dimostrava quindi che il colore rosso è il colore più forte e più chiaro, senza che però si sappia che concetto egli potesse avere della luce e del colore. La forza della luce egli se la immaginava come fosse la forza dell'impressione che riceviamo dal suono.

Saunderson riusciva a insegnare la fisica del colore avvalendosi di ciò che conosceva, il suono. E Kant, che ha abbracciato completamente la teoria ondulatoria e quindi la concezione al riguardo di Eulero (si veda sotto), gli dà ragione e sottolinea come un dialogo tra suono e luce sia possibile, seppur imposto dall'incapacità di conoscere la luce. Saunderson infatti non vedeva, e cercava tramite il suono di arrivare alla luce. Tramite il suono egli trovò la chiave per descrivere la luce e insegnarne le leggi, e, a quanto dicono, meglio di chiunque altro. Quale fu la chiave di Saunderson però non sappiamo.

Leonhard Euler (Eulero) (1707-1783), matematico e fisico svizzero, riteneva che la sensazione della luce percepita dall'occhio fosse una vibrazione meccanica, esattamente analoga alle vibrazioni subite dall'udito in presenza dell'aria, e che le vibrazioni luminose colpissero la vista per mezzo dell'etere. «Per Eulero esiste un'analogia completa fra luce e aria, fra vista e udito, fra suoni e colori»[81].

[81] P. Giordanetti, *Kant e la musica*, Milano, Cuem, 2001, (Il dodecaedro);

Arthur Schopenhauer (1788-1860) approfondì il rapporto tra colore e suono grazie a Goethe, con il quale tenne un importante carteggio sull'argomento. Le conclusioni cui giunse il filosofo sono racchiuse nel saggio *La vista e i colori*, dal quale apprendiamo che egli, pur partendo dalla concezione di Eulero, non condivideva con quest'ultimo l'analogia tra suoni e colori; anzi, riteneva che tra essi vi fosse un netto divario: la vista, diceva, è un senso attivo, mentre l'udito è passivo, pertanto la creazione di una musica per gli occhi era per lui un'ipotesi semplicemente assurda. È interessante sottolineare che quanto affermava Schopenhauer – e cioè che la vista è un processo attivo e non passivo – è stato confermato dalla neurofisiologia solo da pochi anni.

John Ernst Worrell Keely (1827-1898), nato negli Stati Uniti poco più di quarant'anni dopo la morte di Eulero, scoprì la fisica della vibrazione simpatica (*Sympathetic Vibratory Phisics*). Questa fisica era in grado di usare le onde sonore per disintegrare la pietra, produrre luce e sollevare gli oggetti. Oggi, sia l'impiego del suono per rompere le pietre, sia la produzione di luce dal suono sono confermati. In particolare, quest'ultima capacità è conosciuta col nome di "sonoluminescenza", le cui proprietà però non sono ancora del tutto chiare; oggi molte teorie cercano di spiegarla, ma nessuna è esaustiva e completa: di fatto, però, ciò che qui ci interessa è che, in qualche modo, dal suono può derivare la luce. Alessio Di Benedetto spiega così il fenomeno:

> Il suono è all'incirca un milione di volte più lento della luce. Ma se aumentiamo il livello di energia fonica, questa, ad un certo punto, compirà un salto quantico. Eppure ci sarà un momento in cui essa avrà la natura un po' del suono un po' della

---

dello stesso autore si veda: *Schopenhauer e Kant*, in: http://www.lettere.unimi.it/dodeca/giordanetti/appendice.htm.

> luce. Se un elemento molto malleabile è colpito da elevate frequenze acustiche, come può accadere con una bolla d'acqua o di acetone deuterato, questa cresce in maniera abnorme fino ad implodere. Produce in tal modo, una brevissima scia di luce bluastra, che tuttavia racchiude in sé un'energia superiore a quella che si sviluppa sulla superficie del sole [...]. Tra atomi, elementi chimici ed oscillazioni acustiche vi è una ben precisa corrispondenza, come tra suoni e colori. Secondo John Keely, tutti gli atomi, quando si trovano in uno stato di tensione, sono in grado di emettere una frequenza che è inversa al cubo del loro peso atomico. [...] Keely ha stabilito persino una scala di frequenze, in base alla quale è agevole comprendere la trasformazione delle aggregazioni olografiche dai livelli uditivi, a quelli termici, chimici ed elettromagnetici[82].

Nel mondo dei colori e dei suoni si sono poi immersi anche poeti, musicisti e pittori, tra cui Goethe, Skrjabin, Kandinskij, Messiaen.

Johann Wolfgang von Goethe (1749-1832) fu autore di un testo, *La teoria dei colori* del 1810, che attirò l'attenzione di molti artisti, non solo della sua epoca. Il poeta, in questo lavoro, si concentrò essenzialmente sui colori ed elaborò una vera e propria teoria scientifica che contrappose, addirittura, a quella newtoniana: la sua, anzi, fu una vera e propria lotta contro lo scienziato della gravità e delle leggi del moto. Newton infatti affermava, in seguito ai suoi esperimenti, che i colori erano frazioni di luce, la cui somma creava la luce bianca, e che ogni colore era individuabile in una precisa lunghezza d'onda e occupava un preciso posto nell'arcobaleno. Goethe invece negava questa affermazione, ritenendo che il colore fosse il frutto della

---

[82] A. di Benedetto, *op. cit.*, p. 179.

relazione tra luce e ombra. Secondo lo scrittore, per esistere i colori richiedevano l'interazione del nero; solo l'incontro tra l'oscurità e la luce, per Goethe, faceva scaturire il colore. Costui era talmente convinto della sua teoria che arrivò a dire:

> Io non provo orgoglio per tutto ciò che come poeta ho prodotto. Insieme a me hanno vissuto buoni poeti, altri ancora migliori hanno vissuto prima di me, e ce ne saranno altri dopo. Sono invece orgoglioso del fatto che, nel mio secolo, sono stato l'unico che ha visto chiaro in questa difficile scienza del colore, e sono cosciente di essere superiore a molti saggi[83].

Di fatto, però, la teoria di Goethe non incontrò molto séguito, anche se suscitò l'interesse di scienziati come Hermann von Helmholtz, Mitchell Feigenbaum, Werner Karl Heisenberg e James Clerk Maxwell; tuttavia non è chiaro se a questo interesse siano poi seguiti effettivi riscontri o perlomeno degli studi scientifici. Nello stesso testo, comunque, Goethe prese in considerazione anche la relazione tra colore e suono e scrisse:

> Colore e suono non si possono in alcun modo paragonare. Entrambi possono però essere riferiti a una formula superiore e da questa essere derivati, sebbene separatamente. Colore e suono sono come due fiumi che nascono da un'unica montagna, ma che scorrono in condizioni del tutto diverse, in due regioni che nulla hanno di simile, cosicché nessun tratto dei due corsi può essere confrontato con l'altro.

---

[83] J.P. ECKERMANN, *Gespräche mit Goethe*, Schauenburg, Lahr, 1948; trad. it. *Colloqui con Goethe*, Firenze, Sansoni, 1947, p. 235.

Olivier Messiaen (1908-1992) era un compositore, organista, ornitologo e anche un sinestesico: egli, infatti, quando ascoltava la musica vedeva i colori. In merito a questa sua facoltà, scrisse:

> «Durante i miei sogni, sento e vedo accordi e melodie conosciute, colori e forme note; poi, dopo questa fase transitoria, passo all'irreale ed esperisco con estasi un vortice, una compenetrazione circolare di suoni e colori sovrumani. Queste lame di fuoco, queste colate di magma blu-arancio, queste stelle improvvise: ecco lo scompiglio, ecco l'arcobaleno!». Wow! Pensate che Messiaen è stato definito il musicista della gioia e della luce, capace di vedere l'aldilà e di penetrare "l'immensa ottava della creazione"[84].

Kandinskij, Skrjabin, Messiaen furono artisti con capacità sinestesiche dichiarate, così come lo furono, seppur con sinestesie differenti, Vladimir Vladimirovič Nabokov, lo scrittore di *Lolita*, che vedeva le lettere colorate (sinestesia grafema-colore), e Johann Sebastian Bach, chiamato "l'architetto della musica" perché, vedendola, la creava come una costruzione, rispettando armonie e spazi.

> ... C'è memoria della nota precedente cha dà valore alla successiva, come il tempo traslato dal passato al futuro. In questo senso Bach poteva essere definito un architetto per la sua perfezione nu-

[84] G. De Merulis, *Olivier Messiaen: lo scandalo della fede*, Narcissus, 2015; E. Raggi, *Olivier Messiaen: il compositore che descriveva il Mistero*, 2 agosto 2008, in http://www.ilsussidiario.net/News/Musica-e-concerti/2008/8/2/OLIVIER-MESSIAEN-Il-compositore-che-descriveva-il-Mistero/4427/.

merica, armonica, di proporzioni della scrittura così da erigere una vera e propria musica monumentale componendo cattedrali musicali[85].

Anche nell'opera di Antonio Vivaldi esiste una precisa relazione sinestesica tra suoni e colori. Ne è stata addirittura ricavata la scala fonocromatica alla quale faceva riferimento il musicista: si è scoperto che per Vivaldi il *do* equivaleva al rosso, il *si* al violetto[86], e sembra abbia prodotto gran parte della sua musica, per certo *Le quattro stagioni*, sulla base del rapporto sinestesico tra suono e colore.

Vasilij Kandinskij (1866-1944) si laureò in legge, insegnò e scrisse di diritto, ma è passato alla storia per aver ascoltato e seguito la sua passione, la pittura: oggi infatti tutti lo conosciamo perché è diventato un grande pittore, un anticipatore, uno che ha rivisitato il modo di dipingere. E il suo punto di riferimento era proprio il rapporto suono-colore, al quale dedicò addirittura un saggio, *Lo spirituale nell'arte*. Il colore, in particolare, è sempre stato un elemento caratterizzante la pittura di Kandinskij, che ne ha sempre fatto un uso deciso. Non riuscì a fargli cambiare atteggiamento nemmeno il maestro di pittura Franz von Stuck, della scuola di arte di Monaco, che, rimproverandolo di usare colori troppo brillanti e vivaci, lo costrinse per un anno intero a dipingere solo in bianco e nero. Questa lunga astinenza, alla quale Kandinskij si attenne fedelmente, lo indusse alla fine dell'anno a iniziare uno studio importante sul colore, andandone ad approfondire minuziosamente anche gli influssi sull'animo e le proprietà emozionali, e soffermandosi

---

[85] M. CIPULLI, *La contaminazione dei sensi e la sinestesia*, 2 dicembre 2013, in https://www.neuroscienze.net/la-contaminazione-dei-sensi-e-la-sinestesia/.

[86] L. CAPODAGLIO, *Le stagioni colorate. Osservazioni fonocromatiche sull'Opera VIII di Antonio Vivaldi*, in «Convegno internazionale violino e viola nella storia e nell'attualità», Roma, 1995.

con precisione sui rapporti tra questo e la musica. La conclusione alla quale giunse il pittore russo fu che il colore produce due effetti: uno fisico, superficiale, basato su sensazioni momentanee, e uno psichico, profondo, capace di dialogare con l'anima facendola emozionare. Scriveva: «Il colore è un mezzo per influenzare direttamente l'anima. Il colore è il tasto. L'occhio il martelletto. L'anima è un pianoforte con molte corde»[87]. Come vedete, egli usa uno strumento musicale per spiegarne l'azione. E, infatti, successivamente associò ciascun colore a forme e strumenti musicali. Così:

> da un punto di vista musicale l'azzurro assomiglia a un flauto, il blu a un violoncello o quando diventa molto scuro al suono meraviglioso del contrabbasso; nella sua dimensione più scura e solenne ha il suono profondo di un organo. Il giallo diventa facilmente acuto e non è mai molto profondo. Il blu difficilmente diventa acuto e non può sollevarsi a grandi altezze. [...] Il verde assoluto è il colore più calmo che ci sia [...] non desidera nulla, non chiede nulla. [...] Ha il profumo dell'opulenza, di compiacimento. [...] L'arancione è come un uomo sicuro della sua forza. Il suo suono sembra quello di una campana che invita all'*Angelus*, o di un robusto contralto, o di una viola che esegue un largo....

Kandinskij riteneva che il giallo fosse il punto di riferimento per i colori caldi, gli attribuiva un movimento orizzontale e uno radiante. Il giallo si muove verso lo spettatore e si allarga con un movimento verso l'esterno, esce dai limiti come una forza centrifuga, il giallo è un colore dinamico. L'azzurro invece era il punto di riferimento dei colori freddi, cui il pittore attribuiva

[87] V. KANDINSKIJ, *op. cit.*, p. 46.

un movimento orizzontale, che però attira a sé chi lo osserva come una forza centripeta. Inoltre il giallo, un colore spirituale che Kandinskij definiva dotato di follia vitale, prorompente, irrazionale, era paragonato al suono della tromba e della fanfara; mentre l'azzurro, come abbiamo visto poco sopra, era paragonato al flauto. Il rosso scuro, più spirituale e meditativo, era associato alla tuba; l'arancione, esprimente energia e sicurezza, alla campana o al contralto; il viola era collegato alla zampogna o al corno inglese; infine il blu era associato in genere al violoncello. Inoltre, per Kandinskij i colori fondamentali erano legati a forme geometriche, sicché al giallo corrispondeva il triangolo, al rosso il quadrato e all'azzurro il cerchio. Da un punto di vista simbolico, queste forme hanno dei chiari riferimenti: il triangolo rappresenta la trinità, il quadrato l'uomo, il cerchio Dio; nei capitoli successivi vi mostrerò che i significati dei colori assegnati alle forme confermano il significato della forma stessa. Per ora, ricordate che ogni cosa rimanda a un'altra, in uno stretto legame di reciprocità e analogia: la relazione tra forma e colore ha quindi un preciso senso e significato.

Aleksandr Skrjabin (1872-1915) era un musicista russo, che dedicò molto tempo allo studio del rapporto tra suono e luce, tra musica e colore. Egli elaborò una teoria secondo la quale a ciascun colore corrispondeva una determinata nota musicale, e costruì anche una tastiera, il *clavier à lumières*, con i tasti colorati di tinte diverse: si dice che, nel suonarla, si lasciasse guidare dai colori e non dal suono corrispondente. Uno dei capolavori di Skrjabin è il *Prometeo*, il poema del fuoco, con il quale egli voleva che le note percepite con l'orecchio fossero altresì fissate e confermate dallo sguardo. Udito e vista dovevano armoniosamente ritrovarsi l'uno nell'altra. Non a caso, scelse proprio la storia di Prometeo. Secondo il mito, infatti, l'eroe, contro il volere di Zeus, rubò dalle ruote del cocchio degli dèi le scintille di fuoco per donarle agli uomini. Da quel momento gli esseri umani poterono disporre del fuoco che, in una lettura simbolica, rappresenta la conoscenza. A causa della sua disobbedienza, Zeus lo punì in una maniera atroce, impalandolo e inchiodandolo a una colonna tra le rupi del Caucaso, dove un'aquila aveva l'ordine di mangiargli il fegato ogni notte. Il supplizio consisteva nel fatto che il fegato ricresceva durante il giorno, sicché la notte seguente l'aquila poteva mangiarne nuovamente, e così in eterno: una terribile agonia!

Ciò che affascinava Skrjabin di questa storia mitologica era la personalità ribelle del protagonista e il suo amore per gli uomini, tanto grande da arrivare a disobbedire all'autorità rigida e tirannica di Zeus pur di aiutarli a progredire. E poi c'erano le scintille, la luce, la conoscenza: tutti temi che permettevano all'autore di esprimere il suo pensiero e soprattutto la sua visione sinestesica della musica. Ciò che caratterizzava il *Prometeo* era infatti essenzialmente la ricerca della corrispondenza tra suono e colore, e il furto della conoscenza gli forniva la sceneggiatura perfetta. Per l'esecuzione dell'opera, Skrjabin aveva previsto la costruzione di una tastiera di luci, di cui però non ebbe mai modo di vedere la realizzazione. La prima assoluta dell'opera si tenne a Mosca il 15 marzo 1911, ma senza la luce. Infatti, i primi tentativi di mettere in scena il *Prometeo* non furono possibili a causa dei limiti strumentali dell'epoca. Bisognò aspettare il 1962, quando l'opera venne realizzata a Kazan, in Russia, finalmente con la luce secondo le intenzioni di Skrjabin. Nella stessa città, dopo questa rappresentazione che fu un grande successo, venne fondato un gruppo di ricerca per lo studio sperimentale del rapporto tra suoni e colori, al fine di continuare a sviluppare il progetto di Skrjabin.

La creazione di uno strumento che mettesse in relazione suono e colore, come abbiamo visto, non è stata però prerogativa esclusiva di Skrjabin: Giuseppe Arcimboldi è stato probabilmente il primo artista a essersi cimentato non solo nello studio delle relazioni tra colore e suono, ma anche nella costruzione di un clavicembalo colorato. Più vicino invece alla nostra epoca, agli inizi degli anni Quaranta del XIX secolo, Cecil Stokes ideò l'auroratone, un altro apparecchio che trasforma i suoni in colori. Con questo strumento, la musica veniva diffusa in una stanza e contemporaneamente su uno schermo venivano proiettati dei disegni colorati, che cambiavano a seconda dell'"umore" della musica. L'impiego dell'auroratone è stato sottoposto a sperimentazione direttamente su pazienti: i dati della sperimentazione dimostrano che, durante le sedute, molti disturbi neurologici scomparivano nei pazienti che ne erano affetti[88]. Ancora più recente è il lavoro di **Luigi Veronesi** (1908-1998), artista poliedrico che ha dato il suo significativo contributo in diversi ambiti del mondo artistico: pittura, fotografia, regia e scenografia. Anche lui, per tutta la sua carriera, iniziata da giovanissimo, ha cercato una relazione tangibile tra colore e musica, partendo dalla convinzione che «suoni e colori obbediscono a leggi quasi uguali». Focalizzò la sua attenzione sul fatto che entrambe queste entità sono vibrazioni rappresentate graficamente da un'onda sinusoidale, per scoprire infine la relazione suono-colore proprio considerando il «rapporto altezza fra nota e nota e altezza fra colore e colore». Veronesi, quando insegnava all'Università di Venezia già negli anni Sessanta, usava uno spettrometro, che misurava la lunghezza d'onda del colore specifico cui corrispondeva il relativo suono: il *re* era un particolare blu, il *do* viola, il *mi* verde, il *fa* giallo, il *sol* arancione, il *la* rosso, il *si* un rosso più intenso[89]. Ragionando su base inversa, cioè dal suono al colore, considerò anche il silenzio, che per Veronesi era assenza di colore, tradotto cromaticamente col grigio. Anche un amico di Veronesi, Max Huber (1919-1992), artista che si espresse soprattutto nel

[88] H.E. Rubin, *Auroratone Films for the Treatment of Psychotic Depressions in an Army General Hospital*, in «Journal of Clinical Psicology», ottobre 1946, vol. 2, issue 4, pp. 333-340.

[89] S. Grasso, *C'è del colore nelle note*, in «La Lettura» (inserto del «Corriere della Sera» del 13 novembre 2011).

mondo della pubblicità, cercava di applicare alla sua arte il concetto di sinestesia, che coinvolgeva colore (aveva seguito i corsi di Johannes Itten), suono, forma e movimento. Da grande appassionato di musica qual era, riteneva che il ritmo e il movimento potessero essere espressi nell'arte; in un'intervista infatti affermò:

> È chiaro: tutto è collegato [...]. Sono forme di un linguaggio, di uno stile che si esprime anche con i caratteri e con l'impaginazione, così come può esprimersi con litografie e incisioni varie [...].

Non solo, Huber era membro di un movimento che si chiamava "Mac" (Movimento arte concreta), il cui teorico **Gillo Dorfles** (1910-2018)[90] aveva partecipato al ciclo di lezioni di Dornach tenute da Rudolf Steiner nel 1934. Dorfles affermava che l'arte concreta è quella

> basata soltanto sulla realizzazione e sull'oggettivazione dell'intuizione dell'artista, rese in concrete immagini forma-colore, lontane da ogni significato simbolico, astrazione formale, e mirante a cogliere solo quei ritmi, quelle cadenze, quegli accordi, di cui è ricco il mondo dei colori.

[90]Angelo Dorfles, detto Gillo, è stato un critico d'arte, pittore e filosofo italiano. Ha presentato il suo ultimo libro nell'aprile del 2016, quando aveva appena compiuto centosei anni. Viveva a Milano; è morto nel 2018, a centosette anni.

10.
La mente bicamerale di Julian Jaynes[91] e Michelangelo Buonarroti

A questo punto della mia analisi, è il momento di parlare della teoria elaborata da Julian Jaynes e contenuta nel suo famoso libro *Il crollo della mente bicamerale e l'origine della coscienza*. Ho deciso di inserire questo riferimento perché trovo interessanti e rilevanti per l'analisi che stiamo conducendo gli spunti che offre l'autore in riferimento al funzionamento del cervello e al suo modificarsi nel corso del tempo. Nella sua opera, Jaynes cerca di spiegare cosa sia la coscienza e come si sia creata nell'essere umano. E questo è già un punto da sottolineare: l'autore afferma che l'uomo non è nato già con la coscienza, che invece, a suo dire, è comparsa solo in seguito, a un certo punto. Prima di allora, gli individui erano dotati di una mente bicamerale, con un emisfero sinistro definito dominante e uno destro non dominante. Parto da quest'ultimo. L'emisfero destro era quello predisposto al canto e alla musica, ed era uditivo. Secondo l'autore, questo emisfero era la sede di Dio, nel senso che i primi incontri dell'uomo con la divinità sarebbero stati delle allucinazioni uditive messe in atto dall'emisfero destro; in quest'epoca, inoltre, le narrazioni erano solo orali. Così scrive Jaynes:

> I primi poeti furono dei. La poesia ebbe inizio con la mente bicamerale. Il lato divino della nostra forma mentale antica, almeno in certi periodi della storia, si esprimeva di solito, o forse sempre, in versi. Ciò significa che in un certo periodo la maggior parte degli uomini doveva udire, durante la

[91] J. Jaynes, *Il crollo della mente bicamerale e l'origine della coscienza*, Milano, Adelphi, 1996, p. 428 e ss.

giornata, poesia (una specie di poesia) composta e recitata all'interno della propria mente.

A prova di ciò, l'autore ricorda che i *Veda*, gli antichi testi mesopotamici ed egizi e i grandi poemi epici greci avevano tutti un'origine orale ed erano composti in versi. Lo abbiamo ricordato anche noi all'inizio di questo libro. Gli oracoli parlavano in versi e anche i profeti ebrei erano poeti. «La poesia – continua l'autore – è il sapere divino. E dopo il crollo della mente bicamerale la poesia fu il segno dell'autorizzazione. La poesia comandava là dove la prosa poteva solo chiedere». Che la poesia fosse il linguaggio degli dèi, lo si ricava anche dalla lingua araba, dove il termine "poeta" era indicato con la parola *sha'ir*, che significa "colui che sa" o "persona che ha ricevuto il sapere dagli spiriti". Perché ho richiamato questi aspetti? Perché per Jaynes la parte destra del cervello, quella uditiva, è la sede di Dio e del canto, ed egli afferma anche che tra poesia e musica c'è sempre stata una forte contaminazione, dal momento che i primi poeti cantavano i propri versi. I versi erano cantati e dovevano rispettare una metrica specifica, e gli accenti raggiungere altezze definite. Quindi? La poesia antica era canto e stimolava la parte destra del cervello. Poesia e musica sono pertanto entità che risiedono nell'emisfero cerebrale destro. Lo stesso accade anche per l'arte e la pittura. Ma non solo. Jaynes ritiene anche che:

> la musica potrebbe essere stata inventata come eccitante neurale delle percezioni allucinatorie degli dèi e della loro voce quando si trattava di prendere decisioni in assenza della coscienza. Non è quindi un'oziosa coincidenza storica il fatto che il nome stesso della musica derivi dalle sacre dee chiamate muse. Anche la musica, infatti, ha avuto

inizio nella mente bicamerale[92].

Tutto ciò accadeva sino al 1000 a.C., fino ad allora Dio (inteso come percezione allucinatoria) parlava all'uomo direttamente dal cervello; poi accadde che fu introdotta la scrittura, e questo modificò tutto. La mente bicamerale crollò. Ma non la poesia con il suo potere divinatorio. Infatti la poesia, seppur da dono divino si sia trasformata in arte umana, continua a operare divinamente, in quanto effetto di quella nostalgia per l'assoluto che all'inizio l'uomo viveva direttamente e che alcuni hanno continuato a vivere così. Il poeta William Blake aveva visioni e allucinazioni uditive, Rainer Maria Rilke mise per iscritto sonetti che gli furono dettati dalle allucinazioni uditive, Johann Wolfang Goethe affermò: «Sono i canti a fare me, non io a fare i canti», e Alphonse de Lamartine: «Non sono io a pensare, sono le mie idee a pensare me».

Se questo fosse vero, se le allucinazioni divine fossero interne al cervello umano, va da sé che "dio" potrebbe essere in comunicazione interna con l'uomo, potrebbe avere, diciamo, una voce umana.

A questo punto, a me è venuta in mente *La Creazione di Adamo* di Michelangelo Buonarroti. L'opera è conosciutissima e rappresenta uno dei capolavori dell'arte italiana e mondiale. Nello specifico, è un affresco databile intorno al 1511 che fa parte della decorazione della volta della Cappella Sistina, e la si può ammirare nei Musei Vaticani a Roma. Lo abbiamo sicuramente tutti ben presente, anche chi non è mai stato a visitare la Cappella Sistina: a destra c'è Dio, che allunga la sua mano destra con l'indice in avanti, e a sinistra c'è l'uomo, Adamo, che a sua volta allunga l'indice della mano sinistra verso Dio. A destra il Creatore, a sinistra il Creato. A destra Dio inserito in una sagoma di forma ellittica, a sinistra l'uomo inserito in un riquadro rettangolare. Dio in alto, l'uomo più in basso. Ma

[92] J. JAYNES, *op. cit.*, p. 437.

a questo punto c'è chi in questo affresco, guardandolo con uno sguardo diverso, tecnico, ha visto qualcosa che nessuno mai aveva scorto prima. A fare la sconcertante scoperta è stato – e non poteva essere diversamente – un neurologo, Frank Lynn Meshberger, del St. John's Medical Center in Anderson, nell'Indiana (Usa). Egli è stato il primo a notare che Dio, a sinistra, è inserito insieme agli angeli in un disegno che richiama in modo incredibile la sagoma del cervello. La sua constatazione è stata riportata in un articolo, pubblicato sulla prestigiosa rivista «Journal of American Medical Association» (Jama), in cui il neurologo ha descritto minuziosamente le sorprendenti corrispondenze che esistono tra l'anatomia di un cervello umano e la rappresentazione michelangiolesca:

> Sono ben visibili il contorno della volta del cervello, e della base; l'arco del braccio sinistro di Dio delinea il giro del cingolo, il panneggiamento verde alla base descrive il corso dell'arteria vertebrale; la schiena dell'angelo che sorregge Iddio corrisponde al ponte di Varolio, mentre le sue gambe si prolungano a costituire il midollo spinale. Perfino il dettaglio della struttura bilobata dell'ipofisi è riprodotto fedelmente nel piede apparentemente bifido di un angelo, a differenza degli ordinari piedi di Dio e degli altri cherubini, dotati delle consuete cinque dita; mentre la coscia dello stesso angelo si staglia in corrispondenza del chiasma ottico[93].

È un caso, o quello in cui Michelangelo ha inserito Dio è proprio un cervello? Se è voluto, l'artista cosa voleva dirci esattamente? Che Dio è nel nostro cervello ed è quindi la nostra intelligenza? Se iniziamo a fare caso ai particolari, noteremo

---

[93] E. DE BERNARDIS – G. MANGANO – G. SCAPAGNINI, *Il Dio-Cervello di Michelangelo*, 30 luglio 2015, in http://www.debernardis.it/diocervello.html.

anche che il braccio di Dio nell'affresco parte dal lobo frontale, quello che, stando all'attuale scienza, distingue l'uomo dagli altri animali, perché è grazie a esso che l'uomo progetta e crea, pensa e agisce.

Un altro dato che voglio sottoporre alla vostra attenzione è che il drappo, dentro il quale si muove Dio con gli angeli, è rosso, mentre Adamo è disteso su un prato verde. Cosa vuol dire l'utilizzo di questi colori? Di sicuro non è un caso: i pittori dell'epoca conoscevano bene il simbolismo cromatico e lo usavano scientemente. Noi sappiamo che rosso e verde, oltre a rappresentare il maschile e il femminile, sono colori complementari, in quanto, uniti, danno la luce bianca. L'uomo e Dio sono quindi complementari?

Usare un suono come un colore, una parola come un suono o come un'immagine, un'immagine come un suono: agire sulla coscienza dello spettatore in modo nuovo e inatteso era indispensabile per svegliare dal sonno, per abbandonare i percorsi consueti e le abitudini di lettura, per trovarsi tra le mani opere bisognose di nuove istruzioni per l'uso, da manipolare con cautela perché potessero alla fine rivelare il loro contenuto cifrato.

Adriano Altamira[94]

[94] A. Altamira, *Miti Romantici: simboli e inconscio dell'era industriale*, Milano, Vita e Pensiero, 2005, p. 112.

11.
Sinestesia e teorie esoteriche

In un particolare tipo di scuole, dette iniziatiche, si afferma l'esistenza di una relazione sottile tra colore e suono; anzi, la si dà proprio per scontata, così com'era riconosciuta la capacità di vedere i suoni e sentire i colori, considerata alla stregua di una facoltà paranormale, riservata a pochi eletti.

Gustavo Rol (1903-1994), famoso sensitivo, è ritenuto una delle personalità più enigmatiche del Novecento[95]. Egli diceva – e molti sono ancor oggi pronti a giurarlo per averlo visto coi propri occhi – che poteva viaggiare nel tempo, vedere dentro al corpo umano, spostare gli oggetti, materializzarli e smaterializzarli, prevedere il futuro, leggere nel pensiero. Una frase, che Rol scrisse sul suo diario personale, continua tuttora a echeggiare in tutti gli ambienti, non esclusi (seppur tacitamente) quelli scientifici. Il giorno 28 luglio 1927, scriveva:

> La mia ricerca è finita. Ho scoperto la legge che lega le vibrazioni del colore verde a quelle sonore della nota *sol* e a particolari vibrazioni termiche; il segreto della coscienza sublime[96].

Tale scoperta lo sconvolse talmente tanto che si rinchiuse in un monastero per diversi giorni. Questo episodio segna l'inizio del manifestarsi dei poteri in Rol, il quale cominciò a compiere prodigi di tutti i tipi, sempre gratuitamente, al punto da attirare a sé personalità molto importanti dell'epoca. Convinti dei suoi poteri, si recavano spesso da lui, per consigli o semplicemente per partecipare ai suoi esperimenti, Nino Rota, Federico Fellini,

---

[95] R. ALLEGRI, *Rol. Il grande veggente*, Milano, Mondadori, 2003.

[96] M.L. GIORDANO, *Rol e l'altra dimensione*, Milano, Sonzogno, 2001, p. 90.

Albert Einstein ed Enrico Fermi[97]. Partecipavano alle serate private del sensitivo anche Salvador Dalí, Pablo Picasso e Gabriele D'Annunzio. Charles De Gaulle lo consultava spessissimo, trovando il tempo di andare da lui a Torino. Anche Mussolini lo consultò, ma, quando Rol gli disse che avrebbe perso la guerra, non lo guardò più di buon occhio. Libri, racconti, aneddoti sul personaggio Rol sono numerosi, e molte riviste hanno raccontato la sua storia, cercando di dimostrare o di smascherare i suoi asseriti poteri. I suoi denigratori, in particolare, lo accusavano di essere un illusionista e un prestigiatore. Rol, invece, sosteneva l'assoluta autenticità dei suoi poteri e affermava che un giorno sarebbero appartenuti a tutti gli uomini; tutti avrebbero potuto compiere quello che faceva lui. Millantatore o genio incompreso? Non possiamo saperlo. Resta però il fatto che la frase che annotò sul diario quel 28 luglio 1927 non è passata inosservata e in molti si stanno arrovellando per capirne il senso: qual è, se c'è, quella legge che lega e disciplina insieme colore, suono e calore? Forse un giorno la scienza scoprirà che ciò che i veggenti dicono di vedere e di poter fare non è pura follia, o forse sì. Di sicuro però, alla luce della scienza attuale, è inconfutabile che il mondo percepibile per mezzo dei nostri sensi equivale solamente a un minuscolo 5% del totale; il restante 95% rimane un universo di puro mistero. Trovare i mezzi per indagarlo non è solo una stuzzicante sfida che appassiona e coinvolge scienziati, filosofi e mistici, ma è diventata una necessità: come potrebbe mai essere possibile studiare e interpretare l'universo scientificamente, considerandone solo il 5%? Sarebbe come pretendere di leggere un romanzo vedendo e conoscendo solo poche parole: impossibile. E chi si accingesse a farlo comunque, senza cercare di scoprire gli altri termini, sarebbe un pazzo; chi invece lo facesse asserendo di vedere le parole mancanti, un veggente, che, in assenza

---

[97] Fermi entrò nella prestigiosa Scuola Normale di Pisa proprio presentando lo studio *Caratteri distintivi dei suoni e loro cause*.

di prove a suo favore, sarebbe considerato sempre un folle, magari visionario ma pur sempre un folle. A quest'ultima categoria probabilmente appartengono alcuni di quegli esoteristi che studiano il mondo nascosto, quello che si contrappone al mondo essoterico, cioè manifesto, guidati principalmente dall'intuito, dal sesto senso o "terzo occhio"[98], e dalle antiche conoscenze. Questi stessi individui, prima ancora che la sinestesia diventasse materia di studio della neurologia, avevano già ipotizzato che tra colori e suoni ci fossero precisi rimandi e sospettavano ci fosse un dialogo, un'interrelazione talmente intensa da permettere ai colori di evocare suoni e, viceversa, ai suoni di far apparire i colori. Questo è anche quanto troviamo scritto negli antichi testi vedici, dai quali attingono abbondantemente le teorie di Helena Blavatsky, Alice Bailey, Rudolf Steiner, e, più recentemente, di **Guido da Todi**. Quest'ultimo, nell'opera *La grande sintesi della tradizione esoterica*[99], dedica un capitolo al suono e al colore e scrive che:

> Non esiste suono che non sia accompagnato da colore. Lì dove esiste colore nella controparte invisibile della vita, lo stesso si proietta, in linee squisitamente sottili e potenti, in suoni. Ed ogni suono che viene percepito da udito umano e non umano si traduce in colore, sempre nei piani invisibili.

In base a questo dialogo tra suono e colore, attraversando in qualche misterioso modo i piani del visibile e dell'invisibile, gli induisti avrebbero creato la scienza dei *mandala*, che si affianca a quella dei *mantra*. I primi sono disegni colorati, le cui forme geometriche rappresentano forme armoniche che riman-

---

[98] Si veda il capitolo 17, "La pineale".

[99] G. da Todi, *La grande sintesi della tradizione esoterica*, in http://www.famigliafideus.com/wp-content/uploads/2016/05/LA-GRANDE-SINTESI-DELLA-TRADIZIONE-ESOTERICA-GUIDO-DA-TODI.pdf.

dano, nelle loro composizioni, al suono, secondo una lettura "matematica" del disegno. Ogni forma appartiene e si combina con determinati colori proprio in virtù di un legame segreto, che coinvolge forme, colori e suoni. I *mantra* invece sono suoni sacri, la cui ripetizione permette la connessione con specifiche energie cosmiche, o divinità se preferiamo rimanere ancorati a una visione più tradizionale. I suoni dei *mantra* sono legati ai *mandala*, che ne rappresentano l'espressione grafica e colorata. Anche **Alice Bailey** (1880-1949), menzionata più volte da Guido da Todi, scrive:

> ... il *Logos* solare fece risuonare una parola e la forma del nostro sistema solare si manifestò; il suo colore è il blu (fondo-notte), e la sua nota un particolare suono cosmico. Il suo grado di attività corrisponde ad una precisa formula matematica, che la mente umana, al suo attuale stadio, non può concepire...[100].

Alice Bailey è stata una saggista, esoterista e teosofa britannica, che fu molto influenzata dalla personalità e dalle teorie di Helena Blavatsky. La Bailey riconduce ogni sua opera e quindi il suo sapere a un'entità sovrannaturale, che lei chiama "il Tibetano" e di cui afferma di canalizzare gli insegnamenti. Diversa è la storia di **Helena Blavatsky** (1831-1891), che discendeva da una nobile famiglia russa. Il padre era generale, la madre romanziera e il nonno studioso di occultismo. Helena fu una donna di forte carisma e riuscì a raccogliere intorno a sé artisti di grande valore, che hanno lasciato capolavori universalmente riconosciuti e capaci di affermare nuovi stili e forme artistiche: alcuni li abbiamo già incontrati tra le pagine di questo libro, a partire da Kandinskij che si interessò molto al movimento teosofico, così come Mondrian, mentre, tra i musicisti,

[100] A. BAILEY, *Il trattato del fuoco cosmico*, Roma, Nuova Era, 1999.

ricordo Cyril Scott, Gustav Mahler, Jean Sibelius, Dane Rudhyar e Aleksandr Skrjabin, per citare solo i più noti. In gioventù, la donna conobbe anche Garibaldi e fece parte del Grande Oriente d'Italia, antico ordine massonico, proprio insieme all'"Eroe dei due mondi". Tra i suoi seguaci, ci fu anche **Rudolf Steiner** (1861-1925), che era un filosofo, drammaturgo e autore di opere di critica letteraria. Alla fine del XIX secolo, Steiner lavorò all'archivio di Goethe e Schiller a Weimar, e in questa occasione ebbe modo di studiare e lavorare alla teoria dei colori di Goethe, di cui curò la pubblicazione della nuova edizione. Steiner aderì sin dall'inizio alla scuola teosofica di Helena Blavatsky, ma se ne distanziò in un secondo momento per fondare l'Antroposofia, una scuola ancor oggi molto seguita e che opera su diversi livelli, quali, per citare i più importanti, quello artistico, pedagogico, agricolo (la cosiddetta "agricoltura biodinamica") e medico (la "medicina steineriana"). L'antroposofia fu definita dallo stesso Steiner «una via della conoscenza che vorrebbe condurre lo spirituale che è nell'uomo allo spirituale che è nell'universo»[101]. È qui da rilevare che gran parte degli studi e delle riflessioni di Steiner furono incentrati proprio sul colore e sul suono, perché egli attribuiva all'arte un ruolo primario nell'educazione e nell'evoluzione umana. Molto bella è la sua definizione di colori e suoni che vi riporto: essi sono «finestre attraverso le quali noi ci innalziamo spiritualmente entro il mondo spirituale»[102].

Un altro personaggio curioso è stato **Edgar Cayce** (1877-1945): conosciuto come "il profeta dormiente", fu famoso soprattutto negli Stati Uniti, dove addirittura il «New York Times» si occupò della sua storia. Cayce attirò l'attenzione dei media, in quanto pare che, durante il sonno, fosse in grado di rispondere a tutte le domande che gli venivano poste, sia di ca-

---

[101] R. Steiner, *Anthroposophical Leading Thoughts*, London, Rudolf Steiner Press, 1998 [1924].

[102] Idem, *L'essenza dei colori*, cit., p. 107.

rattere medico che di altra natura. Sembra che in questo stato di *trance* abbia fatto migliaia di profezie, quasi tutte stenografate dalla sua segretaria in tempo reale[103]. I suoi sostenitori ritengono che si siano quasi tutte avverate, mentre altre siano ancora in attesa di compimento. A me, in questa sede, interessano in particolar modo alcune affermazioni che Cayce fece in merito al ruolo del suono e del colore, elementi a cui anche lui dava molta importanza. Infatti egli, mentre per le profezie doveva entrare in uno stato di *trance* profonda, per vedere l'aura delle persone gli bastava guardare con i propri occhi. La capacità di vedere quell'alone colorato che circonda le persone ce l'aveva fin dall'infanzia e col tempo imparò a comprenderne il significato. Per il valore del suono, invece, sembra facesse sempre riferimento alle profezie, così come per tutto ciò che egli chiamava "vibrazione", comprendente le onde elettromagnetiche, sonore, il movimento e la vasta energia che tutto pervade, detto in altre parole: la «Forza Divina presente, per aiutarci a crescere e per farci raggiungere l'unità che è la nostra ultima meta»[104]. Scopriamo così che Cayce affermò che:

> «... l'armoniosa bellezza del suono, del colore e del moto stesso rispecchia l'espressione dell'anima in armonia con la mente, usata nel modo giusto in relazione al corpo». (lettura 3659-1)
>
> «... ogni vibrazione, colore e radiazione colorata...hanno lo scopo di infondere forza vitale al corpo». (lettura 3370-1)
>
> «Il tono e il suono sono canali con i quali le forze del corpo vengono coordinate per dar luogo alle prime reazioni perfette...». (lettura 758-38)

---

[103] Fonte Wikipedia, in https://it.wikipedia.org/wiki/Edgar_Cayce.

[104] R. Lewis, *I colori e le letture di Edgar Cayce*, San Benedetto-Pisa, Jupiter Edizioni, 1996, p. 21.

È anche interessante rilevare che l'unico testo scritto da Cayce di suo pugno fu proprio un libricino intitolato *L'Aura* e dedicato appunto a quei colori che, secondo lui, le persone emanano intorno a sé. L'unico potere che Cayce affermava di avere da sveglio era infatti la visione dell'aura, dalla quale riteneva di poter comprendere molte cose sulle persone e anche sulla loro salute. In questo libricino Cayce, tra le altre cose, scrive:

> insieme alla musica, essi [i colori] sono una forza spirituale e rappresentano una grande speranza per le terapie del futuro. Tuttavia nutro forti dubbi che la pratica medica fondata sull'uso del colore divenga un metodo diffuso e praticato, finché l'uomo non avrà accettato l'esistenza dell'aura e non avrà imparato a leggerla in modo da scoprire ciò che disturba la persona[105].

[105] E. Cayce, *L'Aura*, San Benedetto-Pisa, Jupiter Edizioni, 1996, p. 41.

Il linguaggio è uno strumento musicale costituito da idee. Il poeta, l'oratore e il filosofo suonano e compongono grammaticalmente. Una fuga è qualcosa di perfettamente logico, o se vogliamo, scientifico.

Può essere trattata anche poeticamente.

Il basso continuo contiene l'algebra musicale e la geometria analitica musicalmente intesa. L'analisi combinatoria è algebra critica e analisi critica insieme, e l'arte della composizione musicale sta al basso continuo come l'analisi combinatoria sta all'analisi semplice.

Novalis[106]

[106] Q. Principe, *op. cit.*, p. 122.

12.
La sinestesia

E arriviamo alla nostra sinestesia.

Essa, dal greco *syn-aisthèsis* che vuol dire "percepire, sentire insieme", consiste nell'attivazione simultanea di due o più sensi. All'inizio il termine era considerato esclusivamente in riferimento allo strumento retorico, usato da scrittori e poeti per creare immagini efficaci accostando parole appartenenti a generi sensoriali diversi. E, in effetti, con questa tecnica hanno creato molti versi che sono poi passati alla storia. Pensate alla potenza e all'intensità dell'immagine del cielo notturno di Pascoli, in cui le stelle, come lacrime dell'universo, scivolano giù: «E tu, Cielo, dall'alto dei mondi/sereni, infinito, immortale,/oh! D'un **pianto di stelle** lo inondi/quest'atomo opaco del Male!» (*X agosto)*; al dolore straziante di una madre che perde il figlio, che in Quasimodo è così espresso: «[al]l'**urlo nero**/della madre che andava incontro al figlio/crocifisso sul palo del telegrafo… » (*Alle fronde dei salici*); e ancora a Dante, che si affidò spesso alla sinestesia, ad esempio nel primo canto dell'*Inferno*: «… che, venendomi 'ncontro, a poco a poco/mi ripigneva là dove **'l sol tace**». Il sole, che è luce e calore, non parla, tace. In realtà, tutti i poeti, dai più illustri a quelli quasi sconosciuti, hanno fatto e fanno ricorso a questa preziosa figura retorica. Ma perché? Come gli è venuto di esprimersi in quel modo? Se mi avete seguito sin qui, avrete capito che per me, in questi giochi linguistici, in realtà c'è qualcosa di più. È proprio il caso di dirlo: non è solo retorica. Dietro questi versi, per me c'è una sensibilità diversa, determinata da una vera e propria percezione amplificata. In altre parole, gli artisti che ne hanno fatto largo uso vedevano veramente il colore del dolore, le stelle come lacrime e ascoltavano la voce del sole, e da questo sviluppavano l'inevitabile necessità di tradurre la loro percezione in parole, al fine di esprimerla nella loro arte. Ma le parole, seppur contengano dei mondi, hanno anche dei limiti, oltre la parola c'è ancora molto di sconosciuto, il mistero universale, che il poeta vede e sente ma ha difficoltà a trasmetterlo agli altri, la parola è insufficiente: così egli si appoggia alle figure retoriche, tra le quali la sinestesia, a mio avviso, è sicuramente la più sublime.

Nella storia della sinestesia, se posso usare questa espressione, un dato che mi pare interessante e che voglio sottoporre alla vostra attenzione è la forza con cui, in un preciso momento storico (tra il XIX e il XX secolo), essa ha iniziato a comparire nel pensiero e nelle opere di scrittori, musicisti, pittori e filosofi simultaneamente con molta insistenza, quasi come in una vera e propria sincronicità nell'accezione junghiana. Probabilmente la prima scintilla in questa direzione è stata accesa dal Romanticismo, che ha iniziato a puntare l'attenzione su due elementi: il primo, la corrispondenza tra le varie arti, che avrebbe dovuto spingersi sino all'utilizzo contemporaneo di esse in una stessa opera; il secondo, il concetto di energia. Mi piace leggere in tal senso ciò che dice Goethe quando scrive: «A fondamento dei fenomeni è posta un'essenza non indagabile, assoluta, ironica, che contraddice se stessa e, a chi prende tutto sul serio, può ben sembrare un giuoco».

Nel periodo che sto considerando, alcuni artisti erano dichiaratamente sinestesici, e iniziarono a parlarne perlomeno nei circoli a cui appartenevano. Fu il caso ad esempio di Kandinskij, antesignano della pittura astratta. Astrattismo e simbolismo sono i generi che più fanno ricorso alla sinestesia, almeno da un punto di vista espressamente concettuale. Il pittore russo, sul rapporto tra musica e pittura, ha affermato:

> … il più ricco insegnamento viene dalla musica. Salvo poche eccezioni, la musica è già da alcuni secoli l'arte che non usa i suoi mezzi per imitare i fe-

nomeni naturali, ma per esprimere la vita psichica dell'artista e creare la vita dei suoni. Un artista che non abbia come fine ultimo l'imitazione, sia pure artistica, della natura, ma sia un creatore che voglia e debba esprimere il suo mondo interiore, vede con invidia che queste mete sono state raggiunte naturalmente e facilmente dall'arte oggi più immateriale, la musica[107].

Il pittore voleva dire che la musica possiede una forma espressiva unica, che non imita la natura: da qui nasce, per Kandinskij, l'esigenza della pittura di farsi musica. Ciò premesso, non stupisce che un momento fondamentale nella vita dell'artista fu proprio segnato da un concerto di musica, il *Lohengrin* di Wagner; questo compositore divenne il riferimento e la guida del pittore russo nel mondo della musica. Ma Wagner e la sua musica sembrano avere veramente qualcosa di speciale, forse proprio il potere misterioso di far comunicare suoni e colori; lo capiremo meglio tra poco. Kandinskij, dicevo, era convinto vi fosse una forza sonora nei colori e una volta dichiarò:

> Mi sembrava che l'anima viva dei colori emettesse un richiamo musicale, quando l'inflessibile volontà del pennello strappava loro una parte di vita. Sentivo a volte il chiacchiericcio sommesso dei colori che si mescolavano; era un'esperienza simile a quella che si sarebbe potuta fare nella misteriosa cucina di un alchimista.

Il grande pittore poteva sentire la voce dei colori, per lui erano voci, suoni, entità vive. E nel suo libro *Lo spirituale nell'Arte*, descrive il suono di ogni colore dandogli la voce di uno strumento. Inoltre, gran parte della ricerca di Kandinskij

---

[107] V. Kandinskij, *op. cit.*, p. 39.

si è anche concentrata su lavori teatrali, che avevano come scopo proprio quello di far emergere le relazioni profonde tra suono, colore, luce, forma e movimento in funzione di un nuovo tipo di opera d'arte, a carattere multimediale. È molto interessante ricordare che, dal 1909 al 1914, il pittore lavorò in particolare alle "composizioni sceniche" intitolate *Suono giallo*, *Suono verde*, *Bianco e Nero*, *Viola*. Era il modo di manifestare la sua sinestesia.

Un altro artista, ben conosciuto da Kandinskij e di cui seguì da vicino la ricerca, era Skrjabin. Il compositore era animato dal desiderio di mostrare a tutti i colori della musica: egli era infatti certo dell'esistenza di una corrispondenza cromatica per ogni nota, doveva solo trovare il modo di far vedere la musica, di rendere l'opera musicale anche pittorica o per lo meno cromatica. Il *Prometeo* sarà proprio il suo tentativo in questa direzione. In un articolo dell'epoca scritto da Leonid Sabaneev[108], uno dei massimi studiosi dell'opera di Skrjabin ad oggi, l'autore scrive:

> I colori si distribuiscono in modo quasi esattamente corrispondente alla sequenza dello spettro… Chi ha ascoltato il *Prometeo* con i relativi effetti di luci deve effettivamente riconoscere che l'impressione musicale corrisponde in modo perfetto agli effetti luminosi e che questa combinazione raddoppia e intensifica al massimo la forza espressiva dell'opera.

Insomma, il tentativo pare sia riuscito. Sabaneev riporta anche la tabella delle corrispondenze di Skrjabin:

do-rosso; *sol*-arancio; *re*-giallo; *la*-verde; *mi*-blu

---

[108] Leonid Leonidovič Sabaneev (1881-1968), musicologo, critico musicale e compositore russo, è stato uno dei principali studiosi di Skrjabin.

> biancastro; *fa#*-blu intenso; *re* bemolle-violetto; *la* bemolle-porpora violetto; *mi* bemolle-riflessi metallici; *si* bemolle-colore acciaio; *fa*-rosso scuro[109].

L'eredità di Kandinskij e Skrjabin, secondo me, è stata poi raccolta e sviluppata con più rigore scientifico dall'italiano Luigi Veronesi, che arriverà a scoprire la (sua) relazione tra suono e colore di cui ho già parlato[110].

E dalla pittura adesso riprendo la poesia, nella quale la sinestesia assume un ruolo centrale in generi quali l'ermetismo e il simbolismo. In entrambi, il poeta manifesta il bisogno di un linguaggio nuovo per esprimere legami e corrispondenze tra entità che lui sente e, forse, anche vede in modo diverso; di certo, ha bisogno di trovare nel linguaggio un modo per comunicare questa sua particolare sensibilità, di descrivere agli altri tramite la parola queste corrispondenze che per lui fanno la differenza, poiché comunicano qualcosa che va oltre il segno conosciuto. Il movimento simbolista farà leva proprio sulle *Correspondances* di Charles Baudelaire, che sono le corrispondenze tra suoni, colori e profumi. Prima accennavamo a Wagner e alla particolarità della sua musica; adesso, come promesso, spiegherò a cosa accennavo. Alla fine del 1861 Wagner presentò a Parigi la sua opera, il *Tannhäuser*, che in questa prima rappresentazione non avrebbe avuto successo perché non fu affatto compresa. A difenderlo, scrivendo una recensione positiva, fu solo il poeta di *Les Fleurs du mal*, che in un articolo si rifece proprio ai colori e alla poesia per descrivere e spiegare il valore di quella nuova musica e dei suoi suoni[111]. Ed è interessante che il linguaggio usato dal poeta nella recensione era in

---

[109] L. VERDI, *Kandinskij e la musica*, in: http://users.unimi.it/gpiana/dm6/dm6kmlv.htm.

[110] Si veda il capitolo 9, "La sinestesia nel pensiero di filosofi, musicisti, scrittori e pittori".

[111] A. ALTAMIRA, *op. cit.*, p. 99.

perfetta armonia con l'idea d'arte che aveva il compositore tedesco, e cioè che pittura, musica e poesia erano da considerarsi manifestazioni di una sola forma espressiva. Wagner credeva nell'"opera d'arte totale", che doveva nascere dalla sintesi (anche se forse sarebbe meglio dire sinestesia) di tutte le arti contemporaneamente; la sua idea era molto forte e innovativa, e, come abbiamo visto, ispirò molti artisti, tra i quali Kandinskij e Skrjabin.

Rivedendo quel periodo lontano dal presente, a me sembra che tra il XIX e il XX secolo ci sia stato un cambiamento, come se qualcosa abbia cercato di sintonizzare tutte le arti sullo stesso livello vibratorio, come a voler comunicare qualcosa, o fornire una chiave per aprire mondi ancora inesplorati o svelare aspetti di questo mondo ancora inaccessibili ai sensi. E il risultato è stato il risveglio nelle arti di un sentire sinestesico. E forse, il primo a dichiarare in versi, quindi proprio tramite la sua arte, l'esistenza di questa compartecipazione sensoriale potrebbe essere stato proprio Baudelaire, con le sue *Correspondances* nel 1857.

Conseguentemente, il fenomeno finì sotto l'attenzione della "neonata" psicologia, che tuttavia non aveva ancora la possibilità di comprenderlo, e, come accade in questi casi, lo declinò in fenomeno di poco conto, considerandolo più un vezzo che un fenomeno in quanto tale. Poi, però, qualcuno iniziò a notare una strana coincidenza: la sinestesia compariva quasi sempre come sintomo tipico della schizofrenia; questo legame mise in allerta la neurofisiologia, che iniziò a tenere d'occhio il fenomeno sino a che, come sempre accade, grazie al progresso tecnologico fu possibile compiere l'ultimo passo decisivo. Negli anni Ottanta del XX secolo, iniziarono a essere utilizzati nuovi apparecchi, grazie ai quali la scienza cominciò a osservare il funzionamento del cervello, e così poté constatare l'esistenza della sinestesia come fenomeno biologico, perché le macchine evidenziavano l'effettiva attivazione simultanea delle specifiche aree del cervello. La sinestesia è diventata così materia di studio della neurologia. Quest'ultima disciplina, servendosi delle più avanzate tecnologie, poté iniziare a osservare il funzionamento del cervello, il che le permise di rilevare empiricamente che nelle persone sinestesiche si attivano aree del cervello diverse rispetto a quelle direttamente stimolate. In questi individui, l'ascolto di un suono stimola simultaneamente l'area dedicata alla vista o all'olfatto, a seconda del tipo di sinestesia. Di fatto, le sinestesie sono molteplici: oggi si registrano quella specchio-tattile, nella quale i sinestesici percepiscono il tocco da altri ricevuto nella stessa zona; suono-gustativa, per cui il soggetto associa suoni e sapori; grafema-colore, nella quale i soggetti assegnano a ogni lettera un colore specifico; infine, numero-colore, nella quale i numeri vengono percepiti con determinati colori. Si è così giunti alla constatazione che la sinestesia è ascrivibile al funzionamento del cervello, per cui è un vero e proprio fenomeno percettivo e non cognitivo-astratto[112]. Ciò troverebbe conferma anche nel fatto che la percezione sinestesica è attivabile artificialmente ingerendo particolari sostanze allucinogene. Le ricerche sull'argomento sono ora molteplici e ognuna sta evidenziando qualcosa di nuovo. Ad esempio, sembra che chi nasce sinestesico lo debba a un fattore genetico legato al cromosoma X (quindi legato alla linea femminile) e questo ne fa un carattere ereditario[113]. Un gruppo di ricercatori dell'Università della California ha messo in luce che questa capacità del cervello si è formata per fattori legati alle necessità di sopravvivenza[114]. La stessa ricerca evidenzia anche che il fenomeno è sette volte più comune

---

[112] E. CARAFOLI – M. CODATO, *La sinestesia: figura retorica o condizione neurologica?*, 31 ottobre 2013, in http://www.scienzainrete.it/contenuto/articolo/ernesto-carafoli-marta-codato/sinestesia-figura-retorica-o-condizione-neurologica.

[113] Ibidem.

[114] *Il vantaggio di "vedere" i suoni e "sentire" i colori*, 22 novembre 2011, in:http://www.lescienze.it/news/2011/11/22/news/sinestesia_evoluzione_geni_neuroscienze-685332/.

in artisti, poeti e scrittori rispetto al resto della popolazione. Questi individui avrebbero una capacità naturale, spontanea di far comunicare tra loro aree del cervello che in individui normali non comunicano affatto. Un ricercatore dell'Università di Oxford, Devin Blair Terhune, ha constatato che i sinestesici:

> rispetto alle persone normali hanno bisogno di una stimolazione della corteccia visiva tre volte inferiore e catturano facilmente fosfeni, punti luminosi, talora anche in assenza di luce. Esiste sicuramente una fondamentale differenza tra i cervelli dei sinestesici rispetto ai normali, con livelli più elevati di eccitabilità corticale, talora con percezione cromatica anche più discriminante rispetto ai soggetti "normali". La maggior parte delle persone non ha esperienze coscienti di colore quando guarda numeri, lettere e parole, così come le hanno i sinestesici. Lo studio di questi soggetti ha aperto nuove prospettive sui meccanismi che governano l'attenzione cosciente[115].

Le ricerche evidenziano, inoltre, che i sinestesici dimostrano anche capacità mnemoniche più elevate dei non sinestesici. Con questi ultimi riferimenti scientifici, ora è forse più chiaro quello che prospettavo all'inizio, quando ipotizzavo che una semplice figura retorica in realtà potesse nascondere qualcos'altro, e cioè un vero e proprio processo neurologico. Insomma, non era pazzia e nemmeno solo "letteratura". E questo è solo l'inizio. Nel capitolo successivo faremo un altro passo avanti, e il discorso diventerà ancora più interessante.

---

[115] M. CIPULLI, cit.; *Numeri e colori: l'ipereccitabilità cerebrale alla base della sinestesia*, 19 novembre 2011, in: http://www.lescienze.it/news/2011/11/19/news/nellipereccitabilit_del_cervello_un_altro_tassello_per_comprendere_la_sinestesia-671185/.

Per il momento, ricordate però che il nostro cervello (ma anche il nostro corpo) nasconde ancora molti segreti, ed è un vero e grande enigma per potenzialità sconosciute e meccanismi misteriosi. Sono perciò sicura che ci attendono ancora moltissime sorprese, ma forse lo schema con cui si affacceranno sarà sempre lo stesso: 1) qualcuno avrà un'intuizione (che chissà da dove gli viene); 2) costui cercherà elementi per provarla, ma che lasceranno sempre un alone di incertezza; 3) tutti gli daranno contro (perché i nuovi paradigmi richiedono cervelli elastici e pronti, se non ad accogliere, almeno a dare una possibilità all'inimmaginabile); 4) l'intuizione resterà confinata nel mondo di quei pochi pazzi visionari a cui suona essere la via giusta; 5) all'improvviso accadrà qualcosa, e allora anche i denigratori non potranno più negare ciò che è diventato evidente e il mondo farà un passo avanti.

Guarda con le orecchie...

Shakespeare[116]

[116] W. SHAKESPEARE, *Re Lear*, atto IV, scena VI.

13.
Linguaggio e Dna

Il linguaggio può riprogrammare il Dna? Secondo gli scienziati Grazyna Fosar e Franz Bludorf[117], autori del libro *Vernetz Intelligence*, sì. I due ricercatori, insieme a un gruppo di linguisti, hanno studiato quel 90% del Dna che i primi scienziati che hanno avuto a che fare con l'acido desossiribonucleico hanno erroneamente chiamato "spazzatura" (questo solo perché, non conoscendone la funzione, hanno subito dedotto non servisse a nulla, ignorando che in natura non esiste la "spazzatura", tutto rientra con una specifica funzione in un ciclo di utilizzo, persino gli escrementi).

Fosar e Bludorf offrono una teoria molto interessante: in seguito ai loro studi, risulterebbe che il Dna funzioni esattamente come il linguaggio, avvalendosi delle stesse regole di semantica, di sintassi e di grammatica, e non solo per dare struttura al corpo, ma anche per svolgere le attività di comunicazione e di ipercomunicazione. Quindi affermano innanzitutto che le lingue non siano nate a caso ma siano già insite nel Dna, e poi che, se il Dna funziona come il linguaggio, seguendo uno schema grammaticale, allora potrebbe essere programmato e riprogrammato proprio nello stesso modo, ricorrendo al linguaggio.

In un articolo pubblicato sul sito web ufficiale di Fosar e Bludorf[118], è anche possibile leggere:

---

[117] Grazyna Fosar e Franz Bludorf sono fisici e matematici, ma anche naturopati e ipnoterapeuti.

[118] L'articolo intero (in inglese) si può trovare sulla pagina http://www.fosar-bludorf.com (Kontext - Forum for Border Science); la seguente citazione in italiano è tratta da *Scoperte sul Dna in Russia*, 17 febbraio 2005, in https://www.nexusedizioni.it/it/CT/scoperte-sul-dna-in-russia-2464.

Il biofisico e biologo molecolare Pjotr Garjajev e i suoi colleghi hanno anche analizzato le qualità vibrazionali del DNA. In breve sostengono che «i cromosomi vivi funzionano esattamente come un computer olografico che usa radiazioni laser di DNA endogeno». Gli studiosi sono stati in grado, per esempio, di proiettare determinate frequenze (suono) con una specie di raggio laser sul DNA, modificando la frequenza di esso e quindi l'informazione genetica stessa. Dato che la struttura base del DNA è uguale alla struttura della lingua, non è necessaria alcuna codifica del DNA. Si possono semplicemente usare parole e frasi della lingua umana! Anche questo è stato provato scientificamente.

La sostanza del DNA (nel tessuto vivo, non in provetta) reagirà sempre a questi raggi modulati e addirittura alle onde radio, se vengono utilizzate le frequenze giuste. Questo spiega perché tecniche come affermazioni, ipnosi e simili hanno un effetto così forte sugli uomini e il loro corpo: per il nostro DNA reagire al linguaggio è perfettamente naturale.

Mentre i ricercatori occidentali prelevano singoli geni dalle eliche del DNA e li inseriscono altrove, i russi hanno creato un mezzo per influenzare il metabolismo delle cellule attraverso frequenze di luce e di onde radio, riparando i difetti genetici.

Gli studiosi hanno addirittura catturato uno schema di informazioni di un DNA particolare e lo hanno trasmesso a un altro, riprogrammando le cellule. In questo modo hanno trasformato, per esempio, embrioni di rana in embrioni di salamandra, semplicemente trasmettendo informazioni di DNA!

> Così le informazioni sono state trasmesse senza gli effetti collaterali che possono manifestarsi quando si prelevano e reinseriscono dei singoli geni dal DNA.
>
> Quindi è stato provato ciò che i maestri spirituali sanno già da tempo. Ovviamente la frequenza utilizzata deve essere quella giusta. Per questo motivo non tutti otteniamo lo stesso successo. Ogni individuo deve lavorare sul proprio processo e sviluppo interiore per stabilire una comunicazione conscia con il DNA. Più sarà alta la consapevolezza di un individuo, meno ci sarà la necessità di un congegno, e si potranno ottenere questi risultati da soli. La scienza finalmente finirà di prendersi gioco di queste idee e confermerà e spiegherà questi risultati. E non finisce qui.

Sembra davvero incredibile, eppure sono ricerche scientifiche.

A questo punto, lo ripeto, sembrerebbe che il Dna, che funziona come il linguaggio, sia alla base della creazione del corpo biologico, tutto ciò che si esprime da quel corpo e con quel corpo dovrebbe funzionare come il linguaggio. Così, ad esempio, l'apparato fonetico, strutturato proprio in funzione e con lo scopo di permetterci di parlare, troverebbe le sue regole di funzionamento nientemeno che nel Dna. *Idem* l'apparato uditivo, che, insieme a quello fonetico, deve interagire e comprendere le stesse regole. Del resto, la capacità di articolare suoni si è sviluppata secondo regole precise e comuni a tutti i linguaggi, e udire è fondamentale per articolare i suoni nel modo corretto. In ogni caso, è ben plausibile che il linguaggio umano sia anche un esempio di come funzioni il Dna. In altre parole, come affermano i due scienziati russi, il linguaggio potrebbe essere considerato una esternazione (la parola con tutte le sue applicazioni) di un meccanismo interno (il funzionamento del Dna). A questo punto, mi vengono in mente le parole di Ermete Trimegisto:

> È vero senza menzogna, certo e verissimo. Ciò ch'è in basso è come ciò ch'è in alto, e ciò ch'è in alto è come ciò ch'è in basso, per fare i miracoli della cosa una. E poiché tutte le cose sono e provengono da una, per la mediazione d'una, così tutte le cose sono nate da questa cosa unica mediante adattamento.

Ma adesso arrivo al punto per il quale ho ritenuto importante considerare il discorso sul Dna. Secondo me, infatti, le forme retoriche usate in letteratura possono suggerirci, e quindi essere, esempi di funzionamento del cervello. E tra esse, quindi, potrebbe esserlo ovviamente anche la sinestesia. Certo, sto azzardando delle conclusioni forse, ma è proprio quello che voglio fare, azzardare e osare dei ragionamenti che poi, se sono da pazzi, pazienza, anche se mi conforta che alcuni scienziati come Fosar e Bludorf, con ricerche e studi alla mano, sembrano molto più folli di me.

E concludo con le parole di Ermete Trimegisto, che, nel *Kybalion*[119], scrive: «Tra le leggi e i fenomeni dei diversi piani di vita, c'è sempre una corrispondenza. Comprendere questa regola significa risolvere molti dei tanti paradossi e dei segreti della natura».

E se fosse proprio così?

---

[119] È un testo facente parte dei "Libri di Hermes".

14.
Sinestesia e metafora

A proposito di corrispondenze, ritornando al mondo scientifico e a come funziona il nostro cervello, è stato scoperto che la sinestesia non è l'unica figura retorica a stimolare questo organo: anche la metafora svolgerebbe la stessa influenza. Pare infatti vi sia un legame concettuale (e quindi cerebrale) stretto tra metafora e sinestesia; gli scienziati Ramachandran e Hubbard hanno notato che esse sono in stretta relazione con l'area del cervello da essi chiamata TPO, acronimo che indica il luogo di incontro e giunzione tra i lobi temporale (T), parietale (P) e occipitale (O):

> Questa zona svolge un ruolo molto importante per ciò che gli autori chiamano sintesi crossmodale: la capacità di percepire contemporaneamente e in modo integrato le diverse caratteristiche sensoriali di un oggetto (tattili, visive, uditive, eccetera). Quest'area – affermano – è protagonista di una doppia sindrome, ipofunzionale e iperfunzionale. [...] nei soggetti che mostrano audizione colorata sembra che questa zona sia particolarmente attiva e responsabile della loro capacità di vedere colori e percepire suoni.

E ancora affermano: «"Percepire come", "percezione sinestetica", e "sindrome sinestetica" trovano nel TPO un comune centro cerebrale di riferimento che sottolinea il loro legame funzionale e genetico»[120].

In passato, le persone che dichiaravano di avere una capacità

---

[120] M. MAZZEO, *Storia naturale della sinestesia: dalla questione Molyneux a Jakobson*, Macerata, Quodlibet, 2005, pp. 287-289.

percettiva diversa erano considerate matte, derise e allontanate quando avevano la leggerezza di condividere con gli altri un aspetto che le rendeva fuori dal comune. Funziona da sempre così, ormai lo schema è chiaro. Quando si cambiano i paradigmi, l'essere umano va in tilt, in ogni ambito, anche in quello scientifico, che dovrebbe essere invece il più aperto e libero da schemi e soprattutto da dogmi. È diventata ormai celebre in questo ambito l'affermazione di Max Planck, premio Nobel per la fisica nel 1918: a chi gli chiese come aveva fatto a convincere i colleghi in merito alla sua "teoria dei quanti", ai suoi tempi rifiutata, rispose: «Semplice, ho aspettato fossero tutti morti». E ancora Einstein: «Tutti sanno che una cosa è impossibile da realizzare, finché arriva uno sprovveduto che non lo sa e la inventa». Perché? Perché c'è un atteggiamento gregario molto forte e un'esigenza di sicurezza tale da tenere ferme le griglie della gabbia nella quale viviamo e dove ci sentiamo al sicuro. Anche nella scienza. Le conseguenze di questo atteggiamento le paga la ricerca, che, nella migliore delle ipotesi, è sensibilmente rallentata. Gli aneddoti che ho riportato di Planck ed Einstein dimostrano come gli esseri umani (anche gli scienziati) si attaccano morbosamente alle proprie convinzioni e a ciò che credono, dimenticando il vero atteggiamento di chi vuole realmente scoprire i meccanismi dell'universo. Alla fine, comunque, è anche vero che, per un verso o per un altro, le scoperte fanno il loro corso, magari prendono la strada più lunga per venire alla luce ma la spuntano sempre. Arthur Schopenhauer disse: «La verità attraversa sempre tre fasi: nella prima viene ridicolizzata; nella seconda ci si oppone violentemente; infine, la si accetta come ovvia», queste parole sintetizzano bene il comportamento umano di fronte alle nuove scoperte.

Per la sinestesia vale forse lo stesso *iter*. Basti ricordare che i primi a studiare il fenomeno furono psicologi e psichiatri, perché i sinestesici furono dal principio collocati tra i folli. Poi la tecnologia è giunta in soccorso, con l'invenzione di apparecchi capaci di scrutare dentro la testa, permettendo di mettere in luce molti comportamenti del cervello, e così i sinestesici sono stati riabilitati e anzi hanno fatto un balzo in avanti, al punto da essere ritenuti più dotati degli altri: il potere della scienza e… del tempo.

Vocali

A nera, E bianca, I rossa, U verde, O blu: vocali,
io dirò un giorno i vostri ascosi nascimenti:
A, nero vello al corpo delle mosche lucenti
che ronzano al di sopra dei crudeli fetori,
golfi d'ombra; E, candori di vapori e di tende,
lance di ghiaccio, bianchi re, brividi di umbelle;
I, porpora, rigurgito di sangue, labbra belle
Che ridono di collera, di ebbrezze penitenti;
U, cicli, vibrazioni sacre dei mari verdi,
quiete di bestie ai campi, e quiete di ampie rughe
che l'alchimia imprime alle fronti studiose.
O, la suprema Tromba piena di stridi strani,
silenzi attraversati dagli Angeli e dai Mondi:
- O, l'Omega, ed il raggio violetto dei Suoi Occhi!

Arthur Rimbaud[121]

[121] A. RIMBAUD, *Opere complete*, a cura di A. ADAM – M. RICHTER, trad. it. di G.P. BONA, Torino-Parigi, Einaudi-Gallimard, 1992.

15.
Sinestesia, neurologia e arte

Educare i sensi, tenerli vigili e svegli è molto più importante di quanto si possa immaginare, ed è un vero peccato non allenarli, come si fa per i muscoli, in palestre ben attrezzate. Eppure, nei sensi e nelle nostre capacità percettive è riposta la capacità di ragionare e di manifestare quell'aspetto che più dovrebbe caratterizzare l'essere umano: l'intelligenza. Essi sono gli strumenti imprescindibili per svilupparla più che possiamo. In alcune antiche culture si fa questo. Pensiamo ai monaci indiani, che dedicano gran parte dell'educazione degli allievi proprio a sviluppare la percezione e le potenzialità del cervello. Essi avevano compreso che i sensi ci permettono di conoscere il mondo e sono i mezzi per arrivare alla conoscenza, direttamente e personalmente, senza intermediari. Oggi, purtroppo, non vediamo queste tecniche nelle scuole di alcun genere, ma possiamo trovare studi di psicologi e psichiatri che hanno elaborato (o semplicemente riportano) delle metodologie mirate allo sviluppo delle potenzialità del cervello. Tra gli autori più conosciuti in questo settore, cito Cynthia Green, del dipartimento di Psichiatria della Mount Sinai School of Medicine, che vi ha dedicato numerosi libri (ad oggi solo in lingua inglese)[122]. Seppur valga anche per l'autrice appena citata, un problema che ho riscontrato in molti testi in circolazione è l'eccessiva attenzione data alla memoria, che, secondo me, sebbene sia un elemento importante, non è tuttavia il prioritario e, anzi, è del tutto inutile avere una grande memoria quando non si sanno leggere i dati a propria disposizione; Einstein riguardo a ciò diceva: «La memoria è l'intelligenza degli idioti». Ad ogni modo, tra i metodi ritenuti più efficaci da questi testi per aiutare la me-

---

[122] Tra i tanti: C. Green e M.S. Sweeney, *Your Best Brain Ever: a Complete Guide and Workout*, Washington, National Geographic Society, 2013.

morizzazione, sono annoverati quelli che fanno ricorso all'uso di "colori e parole" e/o di "suoni e colori", proprio perché è dimostrato che l'impiego simultaneo di essi è capace di potenziare le capacità cerebrali, tutte quante. L'impiego simultaneo di aree percettive diverse aumenta le capacità intellettive e tra esse anche la memoria. Ma suoni e colori per forza rimandano all'arte e quindi alla creatività, che è sicuramente una forma di intelligenza.

Sul rapporto tra arte e cervello dal punto di vista neurologico, Semir Zeki[123], pioniere degli studi moderni sul cervello visivo e neurologo affermato, ha concentrato il suo lavoro sul potere del cervello visivo. Egli, per quanto ad oggi ci risulta, non ha mai considerato la sinestesia, ma per me è interessante quanto afferma quando scrive:

> ... l'arte [ha] una funzione complessiva in larga misura assimilabile a quella del cervello visivo, e che in realtà ne costituisce un'estensione, e che, nello svolgere questa funzione, essa obbedisce inevitabilmente alle sue stesse leggi[124].

Quindi, se l'arte è un'estensione del cervello (lui specifica del cervello visivo, ma, se vale per la vista, deve poter valere anche per l'udito e quindi per la musica), tramite essa dovremmo poter capire come funziona il cervello. Tenete a mente quest'ultima affermazione, che tra l'altro non è nuova[125], e andiamo avanti. Zeki è un estimatore principalmente d'arte pittorica, nel tempo libero si dedica a visitare mostre e musei, quindi suppongo sia stato naturale per lui considerare l'arte

[123] Semir Zeki è docente di neurobiologia all'Università di Londra, *Fellow* della Royal Society e membro dell'American Philosophical Society.

[124] S. ZEKI, *La visione dall'interno. Arte e cervello*, Torino, Bollati Boringhieri, 2003, pp. 24-25.

[125] Si veda il capitolo 13, "Linguaggio e Dna".

anche da un altro punto di vista, quello scientifico e attinente alla sua professione. Quindi ho pensato che il neurologo, a un certo punto, guardando un quadro si sia chiesto: «Cosa ha spinto il pittore a modificare la tecnica? Cosa gli ha suggerito di sperimentare in quella direzione piuttosto che in un'altra?». In altri termini: che ragionamenti fa l'artista per realizzare la sua idea di arte? Tutti gli artisti, scultori, scrittori e musicisti, si trovano a voler esprimere il loro talento, per alcuni è addirittura una necessità, un'impellenza che rasenta l'ossessione. Ma perché? E soprattutto: quando l'artista riesce a esprimersi in modo superbo, oltre i limiti già solcati da tutti i predecessori? Quali sono i percorsi mentali, intellettuali, o forse proprio neurologici, che lo portano alla concretizzazione della sua idea? Secondo me, la risposta risiede nel fatto che l'artista vede e sente il mondo in maniera diversa perché è il suo cervello che gli permette una percezione diversa; insomma, c'entrano molto anche i percorsi neurologici.

Quindi, se è vera la conclusione cui è giunto Zeki analizzando il lavoro di moltissimi artisti, e cioè che l'arte è una funzione del cervello, una sua estensione, ne dovrebbe derivare in modo lapalissiano che studiare l'arte sia conseguentemente, da una parte, un modo per comprendere il nostro cervello e, dall'altra, per allenarlo a ragionare, seguendo (e capendo) i processi mentali dei grandi artisti. Molto interessante a tal proposito è in particolare quanto Zeki ha derivato dall'opera di Monet, del quale afferma:

> Egli non fu un pittore delle impressioni effimere, né la sua pittura fu un evento degli occhi (in quanto opposti al cervello), né fu un pittore che dipingeva rapidamente. Usò invece le sue facoltà cerebrali al massimo dell'efficienza [...]. Ma si servì probabilmente, almeno in parte, di vie cerebrali diverse rispetto a pittori che produssero scene analo-

ghe a colori naturali[126].

Mi fermo sulla frase: «[Monet] usò invece le sue facoltà cerebrali al massimo dell'efficienza». Bene, sappiate che Monet ben conosceva il valore della sinestesia, e quello che cercava di fare con la sua opera era proprio fondere insieme colori, suoni e profumi: questo era il suo intento guida. Nelle mie ricerche ho scoperto anche che:

> Monet è innanzitutto un *ricercatore*: della realtà ultima e intima, così come delle potenzialità inesplorate della pittura, della volontà di raffigurare sinestesicamente suoni, colori, profumi, sensazioni nell'arte pittorica, che riverberano in un'espressività di cui il termine "impressione" rimarca la profonda interiorizzazione che precede e integra il lavoro su tela. Questo sforzo, che si svilupperà progressivamente, non può non ricordare il proposito del già citato Baudelaire e, ancor più, del poeta Arthur Rimbaud: «Questa lingua sarà dell'anima per l'anima, riassumendo tutto, profumi, suoni, colori, del pensiero che aggancia il pensiero e che tira» e pienamente realizzato nelle *Illuminazioni*, composte all'epoca di *Impression, soleil levant* e pubblicate nel 1886[127].

Monet conosceva bene Baudelaire, Jules Verne e molti altri artisti che in quegli anni frequentavano a Parigi La Brasserie des Martyrs e il Café Guerbois: questi erano luoghi in cui a Parigi si incontravano e confrontavano i grandi artisti e intellettuali

---

[126] S. ZEKI, *op. cit.*, p. 242.

[127] D. GORGA, *Claude Monet, la luce*, in: http://www.davidegorga.it/saggi.htm?fbclid=IwAR3zXwNMINODRMf97rNWABgwd8ylHirkrB9fFpdqydy8tGufbJ6Tb8LsK14#monet.

dell'epoca. Era facile che fossero amici, e possiamo immaginarli tranquillamente seduti allo stesso tavolino davanti a un bicchiere di vino, a condividere la loro idea di arte e magari le difficoltà di comunicare la loro visione del mondo. L'incontro di Monet con Baudelaire e le sue *Corrispondences* ha rafforzato quanto probabilmente il pittore già pensava: nell'universo esistono grandi e misteriose corrispondenze in cui «profumi, colori e suoni si rispondono». Questo il punto di contatto tra pittura e poesia e che sarà il seme che un po' alla volta Monet, da bravo giardiniere qual era, farà germogliare e sbocciare nelle sue tele; forse la più rappresentativa in relazione a quanto abbiamo detto è proprio quella che ha dato nome al movimento impressionista: l'*Impression, soleil levant*, dipinta nel 1872. I due poeti, Baudelaire e Rimbaud, saranno fondamentali anche per l'opera di Mallarmé. Rimbaud è l'autore della nota poesia *Voyelles*, nella quale associa a ogni vocale un colore (sinestesia grafema-colore), e a lui il musicista Ernest Cabaner (1833-1881)[128] – che probabilmente, a sua volta, influenzò Rimbaud con la tecnica di insegnamento basata sul cromatismo musicale – dedicò il "sonetto dei sette numeri", in cui associava note musicali, vocali e colori[129]. Rimbaud ha tracciato le linee del simbolismo con la famosa *Lettera del Veggente*, nella quale definisce poeta il «grande maledetto che giunge all'ignoto» mediante «il ragionato disordine di tutti i sensi».

Per i poeti e gli impressionisti di questo periodo, la realtà è solo apparenza, sotto la quale si cela una dimensione misteriosa, profonda, e, per accedervi, la via indicata dai due poeti citati è quella di scoprire e seguire proprio le corrispondenze tra i sensi. Mallarmé farà sue queste linee guida e scriverà poe-

---

[128] Ernest Cabaner, musicista boemo, nel 1850 si trasferì a Parigi e diede lezioni di musica al poeta Rimbaud; la sua didattica si basava sul cromatismo musicale/ascolto colorato.

[129] S. Toffolo, *Le grand Paris. Impressioni sulla musica e le arti in Francia fra Ottocento e primo Novecento*, Padova, Armelin Musica, 2014.

sie che esaltano il suono delle parole, giocherà sul doppio valore significato-suono, prediligendo il secondo e usandolo per trascendere il primo. Come se fossero due realtà parallele, due mondi in comunicazione ma diversi. Così egli scriverà: «Esse [le parole] si accendono di riflessi reciproci come una striscia virtuale di fuochi di luce su pietre preziose». I simbolisti infatti ritengono che in poesia le parole, affinché possano esprimere tutto il loro potere creativo, debbano essere sganciate dal significato, riscattarsi da esso. Un esempio di quanto stiamo dicendo è ben rappresentato dal sonetto IV[130] proprio di Mallarmé: esso inizia con «Ses purs ongles très haut...» che, letto, suona anche "c'est pur son" (cioè "è puro suono")[131], che è ben diverso dal significato letterale "le sue unghie pure".

Altri artisti credevano anche nella possibilità di una sinestesia totale, che andava cioè oltre quella visiva e uditiva, per estendersi anche a quella tattile, gustativa e olfattiva. Tra questi, c'era sicuramente Joris-Karl Huysmans (1848-1907), scrittore francese che, nella sua opera *À rebours* (Controcorrente), parla di un personaggio che, per curare la sua depressione, si trasferisce nella campagna parigina, dove si dedica all'arredamento della casa con un'energia maniacale che si concentra molto sull'accostamento dei colori, ma non solo; in un passo, infatti, si legge:

> Risuonavano sinfonie interiori mentre si beveva una goccia di questo o di quel liquore, creando nella gola sensazioni analoghe a quelle che la musica evoca all'orecchio[...]. La vodka fulminava con il rumore assordante delle tube, mentre il *raki* e il *lentisco* evocavano il tuono del cembalo e del tamburo basso a piena forza.

---

[130], S. MALLARMÉ, *Poesie*, a cura di L. FREZZA, Milano, Feltrinelli, 2009, p. 143.

[131] R. PEARSON, *Unfolding Mallarmé*, Oxford, Clarendon Press, 1996; S. TOFFOLO, *op. cit.*

16.
Sinestesia e sociologia

Se chiudiamo gli occhi e per un momento immaginiamo di utilizzare i sensi, come suggeriscono Rimbaud e il simbolismo, forse sarà possibile vedere il mondo intorno a noi in modo totalmente diverso: ogni cosa rimanderebbe a un'altra, corrispondenze e legami ci farebbero capire che siamo un tutt'uno. E, sempre continuando a tenere gli occhi chiusi, magari una luce dentro di noi ci potrebbe indicare nuove prospettive e quindi conoscenze.

In ogni caso, i sensi sono elementi fondamentali e gli unici che abbiamo per conoscere il mondo e interpretarlo; quindi dobbiamo imparare a usarli bene. A tal proposito, il canadese Marshall McLuhan, sociologo e filosofo, ha scritto:

> Una volta che abbiamo consegnato i nostri sensi e i nostri sistemi nervosi alle manipolazioni di coloro che cercano di trarre profitti prendendo in affitto i nostri occhi, le orecchie e i nervi, in realtà non abbiamo più diritti. Cedere occhi, orecchie e nervi a interessi commerciali è come consegnare il linguaggio comune a un'azienda privata o dare in monopolio a una società l'atmosfera terrestre[132].

Per cadere nel pericolo paventato dal filosofo canadese, a mio parere non c'è bisogno di cedere i sensi letteralmente (anche se ci stiamo arrivando)[133], ma è già sufficiente non usarli come andrebbero usati. Essi infatti dovrebbero essere allenati, educati, usati pienamente e svincolati dai falsi limiti che, col

[132] H.M. McLuhan, *Gli strumenti del comunicare*, Milano, Il Saggiatore, 2015.

[133] Penso possa essere il caso degli occhiali Hololens.

tempo, sono stati loro costruiti intorno. Dovremmo educarci a usare tutto ciò che il nostro corpo ci dà in dotazione al meglio, e probabilmente potremmo anche educare il cervello a svolgere letture sinestesiche, facendo tracciare ai neuroni percorsi diversi che mettono in comunicazione zone più ampie. Forse in questo modo scopriremo veramente capacità e potenzialità incredibili.

Già in questa direzione sono per noi d'esempio quelle persone disabili che riescono in imprese straordinarie. Una tra tutte: i ciechi che giocano a tennis. Sì, avete letto bene, i ciechi giocano a tennis e lo fanno anche molto bene. Usano una pallina di gomma con dentro un campanellino e riescono a colpire la pallina ascoltando il rimbalzo. Vederli giocare è stupefacente, riescono a fare una cosa incredibile. Non li avessi visti con i miei occhi, farei fatica a crederci. La vita ha imposto loro di trovare un'altra via per fare ciò che amavano e loro l'hanno trovata. Ma perché dobbiamo arrivare a subire delle privazioni per testare le nostre ulteriori capacità? Giocare a tennis usando solo l'udito e la capacità di orientarsi col suono nello spazio sembra assurdo, roba da fumetti, come Daredevil, il supereroe diventato cieco da bambino in seguito a un incidente e che ha imparato a superare la cecità arrivando a muoversi nello spazio meglio di un vedente. Beh, non è fantascienza. I non vedenti che giocano a tennis io li ho visti con i miei occhi e ci riescono alla grande. Come? Semplice. Si sono allenati. Hanno perso la vista e l'hanno compensata potenziando l'udito, che, ricordo, ci permette di posizionarci nello spazio: questa è scienza, non fantasia. Abbiamo grandi possibilità e talenti, eppure facciamo poco o niente per usarli. E la società in cui viviamo fa poco o niente per stimolarci a farlo. Però, quando siamo messi alle strette a causa di traumi, ecco che alcuni riescono ad attivare risorse inimmaginabili, aprendo la porta a nuove possibilità. Il nostro corpo e la nostra mente sono molto più di ciò che noi sappiamo e conosciamo oggi, eppure ci sono molti esempi viventi che ci indicano già la via.

«Se le porte della percezione fossero purificate, tutto apparirebbe all'uomo come in effetti è, infinito». Un infinito di cui siamo parte, soggetti e oggetti al tempo stesso, secondo regole ancora tutte da scoprire.

17.
La pineale

A questo punto dovrei essere riuscita a darvi una certezza: la sinestesia non è (solo) una bizzarra forma di espressione artistica, ma (anche) un vero e proprio processo percettivo scientificamente osservabile, di cui però c'è ancora molto da comprendere. Ciò significa che c'è ancora grande spazio per ipotesi, supposizioni, e immaginazione…

Così, la mia mente è partita e mi son chiesta: se fosse proprio un diverso funzionamento del cervello a suggerire agli artisti le nuove forme d'arte? L'artista è tale perché è più intelligente? Perché solo il cervello di alcune persone (le ricerche parlano del 4% della popolazione) ha una percezione sinestesica? La sinestesia potrebbe essere il residuo genetico di una componente primitiva propria dei primi ominidi?

E, infine, mi sono tornate in mente delle letture fatte molti anni fa, che mi parlavano del famoso "terzo occhio": e se in tutto questo c'entrasse qualcosa la ghiandola pineale?

Questo piccolo organo merita qualche cenno che, seppur sommario, serve a dare completezza al discorso che sto conducendo.

Innanzitutto, tale ghiandola è circondata da un fitto alone di mistero, sia perché la si conosce scientificamente ancora poco, sia perché è presente nel simbolismo di antichissimi popoli, che pare ne conoscessero già l'esistenza e addirittura le funzioni. Procediamo per ordine. Quello che finora la scienza è riuscita a scoprire di questa ghiandola, piccola come un pisello, è che è costituita da coni e bastoncelli proprio come gli occhi. E, vi faccio notare, nel caso vi fosse sfuggito, che gli antichi mistici già millenni fa la chiamavano "terzo occhio", quando ancora cioè non si sapeva minimamente (almeno a livello scientifico) come erano fatti né gli occhi né tanto meno la pineale. Ma andiamo avanti. Ad oggi, quel che sappiamo (sempre scientificamente) di questa ghiandola è che è un organo di percezione sensibile ai fotoni e ai campi elettromagnetici[134], regola il ritmo sonno-veglia, produce melatonina e serotonina. Dal metabolismo della melatonina genera a sua volta la pinolina o pinealina, un ormone neurotrasmettitore che sembra abbia un ruolo nelle esperienze dei sogni lucidi[135]. Alcuni autori ritengono che la pineale sia la causa delle percezioni extrasensoriali che sarebbero potenzialmente nelle corde di tutti gli esseri umani, proprio perché l'organo è presente in ognuno di noi. Tra questi, merita di essere citato il professor Sergio Felipe de Oliveira, dell'Università di San Paolo del Brasile, che ha dedicato gran parte dei suoi studi a questa ghiandola, spinto dalla volontà e dalla convinzione che vi sia un legame tra medicina e spiritualità, nel senso che, per il medico brasiliano, i due ambiti non trattano argomenti separati e distinti ma la stessa materia. Oliveira arriva ad affermare senza mezzi termini che la ghiandola pineale sia la ghiandola della medianità e che molte persone, in cura per depressione, epilessia eccetera, in realtà stiano vivendo esperienze legate al funzionamento della ghiandola pineale e possano essere aiutate in modo diverso a ritrovare un equilibrio. Egli è giunto a questa conclusione dopo aver constatato, grazie al monitoraggio di alcuni pazienti epilettici, che nel 30% dei casi essi hanno crisi che sembrano epilettiche ma che in realtà non lo sono, in quanto non hanno un riscontro neurologico in tal senso, cioè nel tracciato cerebrale non compaiono come tali. Egli ritiene che questi casi siano quelli già evidenziati come anomali sia da Freud che da Jung, che la stessa Organizzazione

[134] Si vedano gli studi del dottor Douglas Vollrath della Stanford University.

[135] Si parla di sogni lucidi quando il sognatore, detto "onironauta", è consapevole di star sognando ed è pertanto in grado di pilotare il suo sogno. Per maggiori dettagli, si vedano gli studi di Stephen Laberge; in particolare, dello stesso autore: *Sogni Coscienti*, Cornaredo, Armenia, 1988 (fuori stampa; disponibile versione originale).

mondiale della Sanità definisce come «*trance* e possessione», e che il manuale di psichiatria degli Usa (*Dsm-IV*) chiama «stati di *trance* e possessione per spiriti». Oliveira è convinto che per questi casi di *trance* medianica sia necessario un approccio diverso da quello riservato alle patologie mentali[136]. Non solo: egli afferma anche che il funzionamento della ghiandola pineale spiegherebbe anche molti casi di telepatia e chiaroveggenza. Dai suoi studi, difatti, emerge che questa ghiandola è ricoperta di tessuto connettivo, sotto il quale c'è una struttura che sembra un piccolo cervello in miniatura, costituita da cristalli di apatite, paragonabile, per forma e materiale, proprio a una piccola sfera di cristallo. Vi faccio notare una strana coincidenza: l'organo sospettato di avere qualcosa a che fare con la chiaroveggenza ha la forma di una piccola sfera di cristallo… proprio come quella che usano i veggenti per predire il futuro nelle loro stanze buie, illuminate da fioche candele. Un caso? In proposito, il dottor Oliveira sostiene che la proprietà di questi cristalli sarebbe quella di leggere i campi elettromagnetici che circondano l'uomo e memorizzarli in caselle vocali simili a quelle dei telefonini cellulari. Le informazioni immagazzinate resterebbero poi latenti, per affiorare in qualunque momento, spesso grazie a un colore, un suono o un profumo particolare: ecco un possibile legame con la sinestesia, ecco perché ne parlo qui. Colori, suoni e profumi potrebbero quindi fungere da attivatori. Del resto, considerate che sono segnali elettromagnetici, frequenze sonore, e anche gli odori rispondono a un linguaggio chimico, per leggere il quale siamo dotati di un sistema di chemiorecettori, capaci di individuare la presenza di sostanze chimiche e magari evitarle se sono dannose. Io, per esempio, mi sono sempre chiesta come abbia fatto l'uomo primitivo a sapere quali erbe poteva mangiare e quali no. La conoscenza erboristica da dove gli veniva, quando non c'erano manuali e cono-

---

[136] Su YouTube una dichiarazione rilasciata dal dottor Felipe de Oliveira sull'argomento, in https://www.youtube.com/watch?v=3KNooZYTJjc.

scenze tramandate? Non certo dall'esperienza! Che ci sia quindi un sistema di lettura innato dentro di noi, capace di distinguere le sostanze dannose? Forse sì. Infatti, la fisiologa Jennifer Pluznick[137] sostiene che possiamo riconoscere più di un trilione di odori diversi e descrive[138] il naso come una macchina molecolare in grado di recepirli tutti. La scienza ha anche scoperto che il Dna è composto da molti più geni impegnati a codificare i recettori olfattivi che non a produrre proteine. Perché? Cosa stanno facendo questi recettori, oltre a permetterci di sentire gli odori? E ancora – spiega Jennifer Plunznick – noi umani abbiamo recettori olfattivi ovunque nel nostro corpo, non solo nel naso. Li abbiamo nei muscoli, nei reni, nei polmoni e nei vasi sanguigni: perché? L'ipotesi è che gli organi usino i sensori chimici per regolare, ad esempio, la produzione di ormoni e metaboliti, e tra i sensori chimici l'olfatto è uno di questi. I sensori chimici hanno la capacità di leggere la sostanza chimica, quindi potrebbe essere stato proprio un olfatto molto sviluppato a guidare l'uomo primitivo nel selezionare le erbe e comprenderne il ruolo nella propria alimentazione, il che vorrebbe dire che l'olfatto non solo riconosce la sostanza, ma sa anche quale va bene e quale no. Rimanendo in tema di recettori, sempre la Plunznick svela che ne è stato trovato uno anche nello sperma umano, ed è grazie a esso che lo sperma si muove nella direzione giusta. In pratica, gli spermatozoi, "annusando", cercano la sostanza chimica alla quale reagisce il loro recettore, e, seguendone il segnale olfattivo, riescono a trovare l'ovulo che devono fecondare... Vince quindi lo spermatozoo non solo più veloce, ma soprattutto quello con un buon fiuto.

---

[137] Jennifer Pluznick è professore associato di fisiologia al Johns Hopkins Medicine.

[138] È possibile sentire direttamente dalla sua voce quanto riportato nel testo andando al seguente link:
https://www.ted.com/talks/jennifer_pluznick_you_smell_with_your_body_not_just_your_nose?language=it.

L'olfatto degli spermatozoi mi ha fatto pensare a quando nella vita siamo in difficoltà: sarà capitato a tutti, ad un certo punto, di non sapere cosa fare in una data situazione, credo... Ebbene, in questi casi l'unica soluzione è proprio quella di "andare a naso", che è l'espressione linguistica che usiamo per dire: "Non sapevo che fare e ho seguito l'intuito". Altro grande mistero… spesso chiamato in causa senza ben sapere di che si tratta.. Eppure un'idea io ce l'ho… Che sia in realtà una forma di sapienza innata, derivante cioè dalla capacità di percepire il mondo usando bene i propri sensi?

18.
Il simbolismo della pineale

Nell'antichità questa ghiandola, chiamata "terzo occhio", è stata rappresentata in molte culture con lo strobilo (la pigna), forma che tra l'altro corrisponde effettivamente a quella dell'organo in questione. La pigna è anche un simbolo molto forte, lo ritroviamo nella cultura sumera, babilonese, egizia, indiana, greca e romana. Quasi sempre era posta a ornamento, all'estremità del bastone impugnato da alcune divinità, quali Tummuz e Osiride (in quest'ultimo caso, oltre al bastone e alla pigna, vi sono anche due serpenti arrotolati come nel caduceo), Dioniso e Bacco. Sempre nella stessa posizione, la troviamo anche nel bastone del papa, la ferula di San Pietro. Rimanendo nel mondo cattolico, anche il copricapo del papa e dei vescovi (la tiara o mitra) sembra rimandi proprio alla pigna con la sua forma conica allungata. L'origine di questo copricapo risale al culto di Mitra, in cui era impiegato come paramento tipico dei sacerdoti di questa divinità. Anche nella cultura induista il simbolismo della pigna lo ritroviamo nella testa della divinità, basti vedere le immagini del dio Shiva, e anche quelle del Buddha che, quando non è calvo, è proprio rappresentato con una specie di capigliatura che ricorda decisamente la pigna. Ma quali i significati a essa associati? La pigna indica l'immortalità, il divino e i suoi poteri, rimanda al concetto di rinascita e alla forza rigeneratrice, tutta contenuta nei moltissimi semi protetti nello strobilo. Inoltre, gli indiani, che, come abbiamo visto, la chiamavano "terzo occhio", ritenevano che da essa derivassero i poteri della chiaroveggenza e della telepatia, cosa ritenuta ancor oggi dal professor Oliveira.

Ve l'avevo anticipato, questa è una ghiandola molto misteriosa, che affascina e alimenta aspettative molto alte circa le sue potenzialità… Dobbiamo solo aspettare che la scienza, coi suoi tempi, le scopra, le comprenda, le accetti e infine le comunichi.

Conclusioni

Questo libro è nato dallo stimolo di una serie di domande che, studiando l'argomento, mi si sono presentate una dietro l'altra, ma la prima, quella che ha determinato a cascata tutte le altre, è stata se la sinestesia, come forma retorica usata da scrittori e poeti, così come quella che pittori e musicisti hanno cercato di rappresentare con le loro opere, potesse essere dettata da una capacità percettiva superiore, dovuta a un funzionamento del cervello differente. Questa domanda è nata perché ho scoperto che, quando Kandinskij scriveva che «il rosso evoca lo squillo di una tromba, il viola il suono del corno inglese, delle zampogne, e quando profondo, al registro grave dei legni»[139], non stava creando suggestioni ma riferiva semplicemente quello che percepiva, e lo stesso facevano il musicista Messiaen e tutti gli autori che ho considerato in questa piccola trattazione, e (forse) anche divagazione[140]. Per quanto riguarda invece la magia e i riti di iniziazione, avevo notato che colori e suoni erano sempre impiegati insieme. E, per cercare una risposta, mi sono imbattuta in molti testi e studi, ma quello che più mi ha colpito è stato quello di Ferdinando Nicoletti, che abbiamo incontrato parlando del suono. Nicoletti, infatti, ha messo in evidenza come la combinazione di musica *techno* ad alto volume e di forti luci intermittenti «sono capaci di creare disfunzioni neurologiche simili a quelle provocate dall'*ecstasy* stessa»[141]. Ecco un chiaro effetto di suono e colore (luce) che gli antichi avevano già intuito, ed ecco perché impiegavano insieme le due entità, per amplificare quindi le capacità sensoriali. Ma mi restano ancora delle domande irrisolte: come potevano

[139] V. KANDINSKIJ, *op. cit.*, p. 71.

[140] Si veda il capitolo 9, "La sinestesia nel pensiero di filosofi, musicisti, scrittori e pittori".

[141] *Irccs Neuromed: Lo stress...*, cit.

saperlo? Cosa ha suggerito agli uomini che hanno vissuto agli albori della civiltà che l'impiego di una certa musica, con un particolare ritmo e colori specifici, conducesse alla *trance*? Lo hanno intuito? E cos'è quest'intuizione? Mi sono anche chiesta se questa misteriosa scintilla, che mette in moto il cervello al punto da fargli trovare soluzioni impensabili, potesse essere l'effetto di un processo sinestesico. E, in merito, mi sono venuti in mente i fumetti, dove l'intuizione è spesso rappresentata con una lampadina che si accende all'improvviso, a indicare che *d'emblée* viene messo in luce qualcosa che prima era in ombra e ciò che viene visto dentro (*in-tuitus*) permette di trovare la soluzione, la risposta o l'idea giusta. Perciò mi son chiesta se questa illuminazione improvvisa potrebbe essere la conseguenza di una percezione simultanea e quindi sinestesica.

Le intuizioni, il lampo di genio che spinge a trovare il bandolo della matassa, a inventare dispositivi tecnologici fantastici, o l'idea di un'opera d'arte innovativa possono scaturire da questo diverso modo di funzionare del cervello? Secondo me sì: c'è una relazione tra cervello, creatività e sinestesia. Però penso anche che, per funzionare e mettere in atto capolavori, il cervello debba disporre di conoscenze tali da attivare questi processi cerebrali. E, quindi, penso che l'intuizione o il genio, per recuperare un termine tanto caro a Croce, non siano affatto sufficienti per dare vita a un'opera d'arte. L'artista, qualunque sia il suo talento, è colui che ha acquisito una dimestichezza totale degli strumenti della sua arte, ed è questa conoscenza che gli permette poi di tradurre in arte l'intuizione o il lampo di genio. Senza tecnica e capacità concrete, l'intuizione resta un'idea incapace di manifestarsi nella realtà o, peggio ancora, che si manifesta male. Questo non vuol dire nemmeno però che l'artista sia solo colui che ha fatto determinati studi, seguito scuole particolari eccetera eccetera, affatto. La conoscenza può essere autodidattica e derivare da un lavoro solitario di approfondimento e ricerca. Pirandello diceva che:

> il genio è lo spirito che produce l'unità organizzatrice dalla diversità delle idee che vivono in lui, mediante la divinazione dei loro rapporti; lo spirito che non si lega ad alcuna idea, la quale non diventi tosto principio di un movimento vitale: unità cioè e varietà.

Frase suggestiva ma non chiarissima: cosa intendeva infatti per "divinazione dei rapporti"?

Di certo, oggi molti scienziati sospettano che ci sia un nesso tra sinestesia e creatività, e tra cervello ed espressione artistica, e in questa direzione hanno orientato le loro ricerche. Tra questi, merita di essere ricordato sicuramente il professor Semir Zeki, che dichiara, dopo aver osservato l'opera di Monet, Mondrian, Calder e altri ancora, che l'artista è un neurologo inconsapevole e un neuroscienziato *ante litteram*. La visione – afferma il ricercatore – è essenzialmente un processo di selezione e individuazione di costanti finalizzato alla conoscenza, proprio come l'arte. Quest'ultima è la ricerca dell'essenziale, e, per ciò stesso, icastica particolarizzazione dell'universale[142].

È come se solo alcuni individui avessero la capacità di leggere la realtà che li circonda in modo più ampio e chiaro; essi vedono e sentono in modo più profondo, più pieno. Contrariamente, in altri i sensi in questione sono come addormentati o anestetizzati. Per chiarire quello che intendo dire, mi servirò dell'esempio della degustazione del vino. A volte, quando lo annusiamo prima di berlo, sentiamo che c'è un profumo che conosciamo, lo abbiamo già incontrato, ci pare familiare eppure, finché non ci dicono di che odore si tratta, non lo visualizziamo, non ci viene in mente il suo nome; poi, appena ce lo svelano, esso si manifesta in tutta la sua presenza nei nostri sensi, lo vediamo nella mente e ne recuperiamo tutte le sensa-

[142] S. ZEKI, *op. cit.*

zioni e quindi tutte le esperienze che di quel frutto o fiore abbiamo fatto nella nostra vita. Ecco, nei casi più fortunati, la situazione di molte persone è questa: sentono e percepiscono qualcosa, ma non riescono a metterla a fuoco. Perché? Cosa blocca la percezione e quindi la lettura sensoriale precisa del mondo che ci circonda? Alcune teorie, definite fantascientifiche, sostengono che l'uomo sia prigioniero in questo mondo, e sfruttato da una forma di male per produrre una energia che alimenta "la Matrix", la matrice. Il film che ha messo in circolo questo termine ne dà una definizione tramite un personaggio, il capo dei ribelli Morpheus, quando dice al protagonista Neo:

> Matrix è ovunque. È intorno a noi. Anche adesso, nella stanza in cui siamo. È quello che vedi quando ti affacci alla finestra, o quando accendi il televisore. L'avverti quando vai a lavoro, quando vai in chiesa, quando paghi le tasse. È il mondo che ti è stato messo davanti agli occhi per nasconderti la verità.

Poi Neo, quando prende consapevolezza di essere l'eletto, all'improvviso vede il mondo per quello che è: una serie di righe verdi, di codici di programmazione. La realtà si manifesta quando la consapevolezza (di sé) cambia. E ciò quando avviene? La mia ipotesi è che questo accada quando il cervello riesce ad attivare simultaneamente aree preposte (per la conoscenza attuale) a singole specifiche letture sensoriali. Riuscire a vedere le cose e le persone con tutti i sensi al contempo. Scoprire la grammatica del linguaggio dei sensi forse è la strada per trovare quell'analogia che unisce ogni cosa in questo mondo, tenendo tutto in relazione perché tutto è uno.

Gli stessi autori del film *Matrix*, i fratelli Wachowski (oggi sorelle), hanno anche realizzato la nota serie televisiva

Sense8[143], nella quale otto persone iniziano ad avere particolari percezioni sensoriali (da qui il titolo). I personaggi della serie vivono in luoghi molto lontani tra loro, non si sono mai incontrati ma a un tratto iniziano a essere connessi, riescono a vedersi e a sentirsi a distanza, anche al tatto, e riescono a comunicare al di là delle differenze linguistiche. Uno di essi, nella prima serie, viene ricoverato in ospedale e, dalle radiografie cerebrali, risulta l'assenza di separazione tra le due parti del cervello, i due emisferi appaiono uniti, e per il medico è un grave problema da risolvere con un intervento chirurgico. Quando la paziente però gli chiede quali siano gli effetti di questo problema, lui le risponde: allucinazioni, percezioni molto intense della realtà e sinestesiche. Quello che in questo punto le due registe fanno emergere è che è proprio l'unione dei due emisferi a determinare le facoltà paranormali dei personaggi, che appunto non hanno una malattia ma un potere. Ovviamente questo è solo un film... Ma lasciamoci andare un attimo alla fantasia e immaginiamo che, se così fosse, potrebbe anche essere che proprio il funzionamento più esteso del cervello, senza barriere settoriali, negli artisti sia la causa che fa loro anticipare i tempi, le mode e le scoperte. Se così fosse, in tutto questo ci sarebbe una strana ironia, posto che gli artisti, visionari e strampalati, sono da sempre accusati di "vivere in un altro mondo", mentre, in realtà, potrebbero essere i soli a vivere e a percepire, completamente ed esattamente, questo mondo, contro le prospettive comuni e le limitate percezioni frammentate della maggioranza: un vero mondo di matti.

Continuando a immaginare e dando per assodato il potere della visione sinestesica, resta però sempre un grande quesito. Da dove viene quell'esigenza che tutti i grandi artisti hanno di esprimere la propria arte e il proprio talento, qualunque esso sia? Cosa origina quell'impulso poderoso e inarrestabile di stu-

---

[143] *Sense8* è una serie televisiva scritta e diretta dalle sorelle Wachowski, pubblicata da Netflix dal 2015 al 2018.

diare, ricercare, trovare modalità espressive nuove, entrare nelle cose e descriverle con la loro arte a qualunque costo? Cosa determina la voglia di immergersi nella propria arte anima e corpo? Qui il funzionamento del cervello forse non c'entra, e di sicuro non basta; entrano invece in gioco altri fattori: le passioni, le emozioni e i sentimenti… Sebbene, secondo una teoria che oggi sta facendo molto discutere, anche questi fattori troverebbero una spiegazione nella biologia umana[144].

[144] A. DAMASIO, *Lo strano ordine delle cose*, Milano, Adelphi, 2018.

Alcuni sinestesici famosi

Vincent van Gogh (1853-1890), pittore; **Victor Hugo** (1802-1885), scrittore; **Friedrich Nietzsche** (1844-1900), filosofo. **Arthur Rimbaud** (1854-1891), poeta francese, scrisse la poesia *Voyelles* (Vocali), ma non è certo che fosse un sinestesico: Verlaine infatti affermò che nella realtà Rimbaud «se ne infischiava se A fosse rossa o verde. Lui la vedeva così, ecco tutto». **Charles Baudelaire** (1821-1867), anche lui poeta francese, scrisse la poesia *Corrispondences* per esaltare la relazione tra colori, suoni e profumi. **Jean Sibelius** (1865-1957), compositore, convinto che vi fosse una strana, misteriosa relazione tra colore e suono. E confidava ai suoi intimi conoscenti, facendo giurare loro di non farne parola ad alcuno, che, quando ascoltava qualcosa, il suono si trasformava e si fissava sulla retina come colore. Karl Ekman, amico di Sibelius, scrisse:

> Our conversation darted about like a hare in the undergrowth. Before we knew where we were, Sibelius was juggling colors and sounds like glass balls, making colors resound and sounds glow, so that A major became blue and C major red, F major green and D major yellow....

Nikola Tesla (1856-1943), scienziato; **Richard Feynman** (1918-1988), fisico, vincitore del premio Nobel per la fisica nel 1965, aveva una sinestesia di lettere, numeri e colori (grafema-colore)[145]; **Marilyn Monroe** (1926-1962), attrice. Più recentemente, altri personaggi che hanno affermato di essere

[145] «Quando vedo le equazioni vedo le lettere colorate, non so perché. Mentre sto parlando vedo immagini delle funzioni di Bessel dal libro e una luce viola blu e marrone scuro che le vola intorno. E vorrei sapere cosa diavolo vedono invece gli studenti».

sinestesici sono i musicisti **Mary J. Blige**, **Stevie Wonder**, **Jimi Hendrix** e **Bob Dylan**.

L'arte oltrepassa i limiti nei quali il tempo vorrebbe comprimerla, e indica il contenuto del futuro.

Vasilij Kandinskij[146]

[146] V. KANDINSKIJ, *Punto, linea, superficie.*

Bibliografia

AA.VV., *La sezione aurea. Il linguaggio matematico della bellezza*, Milano, RBA Italia, 2015;

D. Alighieri, *La Divina Commedia*, Venezia, La Nuova Italia, 1985;

J. Allanach, *Il colore che guarisce. Cromopuntura: nuova medicina della luce*, Milano, Tecniche Nuove, 1999;

R. Allegri, *Rol. Il grande veggente*, Milano, Mondadori, 2003;

A. Altamira, *Miti Romantici: simboli e inconscio dell'era industriale*, Milano, Vita e Pensiero, 2005;

M. Amaduzzi, *Suoni e cellule: la via del futuro*, in «Corriere di Bologna», 20 gennaio 2016;

Aristotele, *I colori e i suoni*, a cura di M.F. Ferrini, Milano, Bompiani, 2008;

A. Bailey, *Il trattato del fuoco cosmico*, Roma, Nuova Era, 1999;

C. Baudelaire, *Les Fleurs du Mal*, 1857; trad. it. di L. De Nardis, Milano, Feltrinelli, 1964;

P. Beltrami, *Gli strumenti della poesia*, Bologna, il Mulino, 2002;

H. Blavatsky, *La dottrina segreta*, Trieste, Società teosofica italiana, 1985;

L. Bruno – G. Bruno, *La conchiglia come strumento musicale*, Trapani, Centro Studi e Ricerche, 2008;

E. Burke, *A Philosophical Enquiry into the Origin of Our Ideas of the Sublime and Beautiful*, Oxford, Oxford University Press, 1998;

E. Cayce, *L'Aura*, San Benedetto-Pisa, Jupiter Edizioni, 1996;

L. Clark, *Cromoterapia*, Cornaredo, Red edizioni, 1982;

G. Clerici, *Il suono del colore*, Roma, Fandango Libri, 2011;

T. COWAN, *Il fuoco nella testa: uno studio sullo sciamanismo celtico*, Latina, Crisalide, 2006;

G. DE MERULIS, *Olivier Messiaen: lo scandalo della fede*, Narcissus, 2015;

A. DI BENEDETTO, *All'origine fu la vibrazione*, Battaglia Terme, Nexus Edizioni, 2008;

J.P. ECKERMANN, *Gespräche mit Goethe*, Schauenburg, Lahr, 1948; trad. it. *Colloqui con Goethe*, Firenze, Sansoni, 1947;

M. EMOTO, *Il miracolo dell'acqua*, Vicenza, Il Punto d'Incontro, 2007;

P. GIORDANETTI, *Kant e la musica*, Milano, Cuem, 2001 (Il dodecaedro);

M.L. GIORDANO, *Rol e l'altra dimensione*, Milano, Sonzogno, 2001;

J.W. GOETHE, *La teoria del colore*, Milano, Il Saggiatore, 2013;

S. GRASSO, *C'è del colore nelle note*, in «La Lettura» (inserto del «Corriere della Sera» del 13 novembre 2011);

C. GREEN – M.S. SWEENEY, *Your Best Brain Ever: a Complete Guide and Workout,* Washington, National Geographic Society, 2013;

R. GUÉNON, *Simboli della scienza sacra*, Milano, Adelphi, 2006;

M. HEINDEL, *La Cosmogonia dei Rosacroce*, Milano, Fratelli Bocca, 1953;

H. HESSE, *Siddharta*, Milano, Adelphi, 2009;

J. JAYNES, *Il crollo della mente bicamerale e l'origine della coscienza*, Milano, Adelphi, 1996; H. JENNY, *Cimatica: lo studio dei fenomeni ondulatori*, 2 voll., Basilea, Basilius Press, 1974;

V. KANDINSKIJ, *Lo spirituale nell'arte*, Milano, SE, 2005;

O. KÁROLYI, *La grammatica della musica*, Torino, Einaudi, 2000, (Piccola Biblioteca Einaudi);

La Bibbia di Gerusalemme, Bologna, Dehoniane, 2000;
R. LEWIS, *I colori e le letture di Edgar Cayce*, San Benedetto-Pisa, Jupiter Edizioni, 1996;
M. LÜSCHER, *La persona a quattro colori. La via dell'equilibrio interiore*, Roma, Astrolabio, 1988;
L. LUZZATTO – R. POMPAS, *Il colore persuasivo: grafica, pubblicità, comunicazione, new media*, Milano, Il Castello, 2001;
IIDEM, *Il significato dei colori nelle civiltà antiche*, Milano, Bompiani, 2001;
M. MAIORINO, *La saggezza dei colori*, ed. Lulu;
S. MALLARMÉ, *Poesie*, a cura di L. FREZZA, Milano, Feltrinelli, 2009;
F. MAMAN, *Quando la musica guarisce*, Diegaro di Cesena, Macroedizioni, 2001;
V. MARCHI, *La scienza dell'uno,* Diegaro di Cesena, Macroedizioni, 2007;
IDEM, *Mirjel. Il meraviglioso Uno*, Diegaro di Cesena, Macroedizioni, 2009;
J. MARKALE, *Il Druidismo. Religione e divinità dei celti,* trad. it. di C. FIORILLO, Roma, Edizioni Mediterranee, 1990;
M. MAZZEO, *Storia naturale della sinestesia: dalla questione Molyneux a Jakobson*, Macerata, Quodlibet, 2005;
H.M. MCLUHAN, *Gli strumenti del comunicare*, Milano, Il Saggiatore, 2015;
S. MESSINA – P. TRIVERO (a cura di), *Metamorfosi dei Numi*, Torino, Accademia University Press, 2012;
A. MIOTTO, *Paracelso il medico stregone*, Roma, Gherardo Casini Editore, 1991;
E. MOUTSOPOULOS, *La musica nell'opera di Platone*, Milano, Vita e Pensiero, 2002;
M. PASTOUREAU – D. SIMMONET, *Il piccolo libro dei colori*, Milano, Ponte alle Grazie, 2006;
R. PEARSON, *Unfolding Mallarmé*, Oxford, Clarendon Press, 1996;

L. Pirandello, *Arte e scienza*, Milano, Mondadori, 1994;

Platone, *La Repubblica*, Roma, Newton Compton Editori, 1997, (Grandi tascabili economici);

R. Pozzi, *Il suono dell'estasi: Olivier Messiaen dal Banquet céleste alla Turangalîla-symphonie*, Lucca, Libreria musicale italiana, 2007;

Q. Principe, *Musica*, Milano, Mondadori Electa, 2010;

A. Rimbaud, *Opere complete*, a cura di A. Adam – M. Richter, trad. it. di G.P. Bona, Torino-Parigi, Einaudi-Gallimard, 1992;

G.A. Rol, *Io sono la grondaia. Diari, lettere, riflessioni*, a cura di C. Ferrari, Firenze, Giunti, 2000;

A. Ronnenberg, *Il libro dei simboli*, Köln, Taschen, 2011;

H.E. Rubin, *Auroratone Films for the Treatment of Psychotic Depressions in an Army General Hospital*, in «Journal of Clinical Psicology», ottobre 1946, vol. 2, issue 4;

M. Schneider, *Il significato della musica*, Milano, SE, 2007;

Idem, *Pietre che cantano,* Milano, SE, 2005;

A. Schopenhauer, *La vista e i colori. Carteggio con Goethe*, Torino, Bollati Boringhieri, 2003;

W. Shakespeare, *Il mercante di Venezia*, in *Le commedie romantiche*, Milano, Mondadori, 1982, (I Meridiani Collezione), vol. 2;

I. Sibaldi, *Vocabolario. Le parole dei mondi più grandi*, Bellaria, Anima edizioni, 2009;

R. Steiner, *Anthroposophical Leading Thoughts*, London, Rudolf Steiner Press, 1998 [1924];

Idem, *L'essenza dei colori*, Milano, Editrice Antroposofica, 2013;

M. Talbot, *Tutto è uno*, Milano, Urra, 1997;

T. Tasso, *Gerusalemme liberata*, Milano, Bur Rizzoli, 2009;

S. Toffolo, *Le grand Paris. Impressioni sulla musica e le*

arti in Francia fra Ottocento e primo Novecento, Padova, Armelin Musica, 2014;

R.T. Tuis, *432 Hertz: la rivoluzione musicale*, Battaglia Terme, Nexus Edizioni, 2010;

J. Verne, *La giornata di un giornalista americano nel 2890*, Pavia, Ibis, 1994;

Idem, *Ventimila leghe sotto i mari*, Milano, Feltrinelli, 2018;

J. Volcler, *Il suono come arma. Gli usi militari e polizieschi dell'ambiente sonoro*, Roma, DeriveApprodi, 2012;

S. Zeki, *Con gli occhi del cervello. Immagini, luci, colori*, Roma, Di Renzo Editore, 2011;

Idem, *La visione dall'interno. Arte e cervello*, Torino, Bollati Boringhieri, 2003.

Sitografia

C. Boracchi, *Nel futuro i Led sostituiranno i pesticidi*, 16 gennaio 2015, in https://www.lifegate.it/persone/news/led-sostituiranno-pesticidi;

G. Calogero – G. Coppola – K.T. Preuss, *Mito e mitologia*, in http://www.treccani.it/enciclopedia/mito-e-mitologia_(Enciclopedia-Italiana)/;

C. Cappelluti, *Il colore dei suoni*, in http://www.chriscappell.com/scrive/il_colore_dei_suoni.html;

E. Carafoli – M. Codato, *La sinestesia: figura retorica o condizione neurologica?*, 31 ottobre 2013, in http://www.scienzainrete.it/contenuto/articolo/ernesto-carafoli-marta-codato/sinestesia-figura-retorica-o-condizione-neurologica;

Cimatica, in http://www.mednat.org/new_scienza/cimatica.htm;

M. Cipulli, *La contaminazione dei sensi e la sinestesia*, 2 dicembre 2013, in https://www.neuroscienze.net/la-contaminazione-dei-sensi-e-la-sinestesia/;

R.R. Corsi – L. Ugolini, *Gli occhi di Prometeo. Stereofonia Skrjabiniana*, in https://rebstein.files.wordpress.com/2011/10/corsi-ugolini-prometeo.pdf;

G. da Todi, *La grande sintesi della tradizione esoterica*, in http://www.famigliafideus.com/wp-content/uploads/2016/05/LA-GRANDE-SINTESI-DELLA-TRADIZIONE-ESOTERICA-GUIDO-DA-TODI.pdf;

E. de Bernardis – G. Mangano – G. Scapagnini, *Il Dio-Cervello di Michelangelo*, 30 luglio 2015, in http://www.debernardis.it/diocervello.html;

S.F. de Oliveira, *La questione spirituale nella psichiatria*,

5 novembre 2013, in https://www.youtube.com/watch?v=3KNooZYTJjc;

Dio, in https://it.wikipedia.org/wiki/Dio;

P. Giordanetti, *Schopenhauer e Kant*, in http://www.lettere.unimi.it/dodeca/giordanetti/appendice.htm;

D. Gorga, *Claude Monet, la luce*, in http://www.davidegorga.it/saggi.htm?fbclid=IwAR3zXwNMINODRMf97rNWABgwd8ylHirkrB9fFpdqydy8tGufbJ6Tb8LsK14#monet;

C. Gregoire, *"Don't stop me now" dei Queen è la canzone più positiva di tutti tempi. La rivelazione in uno studio scientifico*, 23 settembre 2015, in https://www.huffingtonpost.it/2015/09/23/canzoni-positive_n_8181484.html;

E. Hand, *Maverick scientist thinks he has discovered a magnetic sixth sense in humans*, 23 giugno 2016, in http://www.sciencemag.org/news/2016/06/maverick-scientist-thinks-he-has-discovered-magnetic-sixth-sense-humans;

Il canto delle cellule.flv, 21 novembre 2011, in https://www.youtube.com/watch?v=D4TmmuKNEac;

Il suono nella cura delle malattie, in «La Stampa», 8 maggio 2012, in http://www.lastampa.it/2012/05/08/scienza/il-suono-nella-cura-delle-malattie-vLcdc3DjgScaL0GRWPs8lN/pagina.html;

Il vantaggio di "vedere" i suoni e di "sentire" i colori, 22 novembre 2011, in http://www.lescienze.it/news/2011/11/22/news/sinestesia_evoluzione_geni_neuroscienze-685332/;

Irccs Neuromed: Lo stress di un rave party può causare alterazioni simili a quelle dell'ecstasy, 22 luglio 2015, in http://www.lescienze.it/lanci/2015/07/22/news/rave_stress_ecstasy_alterazioni_neurologiche_neuromed-2699963/;

E. Mannucci, *Le note musicali e l'armonia delle sfere*, 15 giugno 2015, in http://www.esonet.it/News-file-article-sid-1019.html.

Sound Cellular Research, febbraio 2005, in http://tamado.com/roothtmls/cell-research.html;

E. MCKUSICK, *The Therapeutic Use of Sound in Alternative and Conventional Medicine*, in http://www.faim.org/complementaryalternative/therapeutic-use-sound-alternative-conventional-medicine.html;

Numeri e colori: l'ipereccitabilità cerebrale alla base della sinestesia, 19 novembre 2011, in http://www.lescienze.it/news/2011/11/19/news/nelliipereccitabilit_del_cervello_un_altro_tassello_per_comprendere_la_sinestesia-671185/;

J. PLUZNICK, *Anche il tuo corpo sente gli odori, non solo il tuo naso*, novembre 2016, in https://www.ted.com/talks/jennifer_pluznick_you_smell_with_your_body_not_just_your_nose?language=it;

E. RAGGI, *Olivier Messiaen: il compositore che descriveva il Mistero*, 2 agosto 2008, in http://www.ilsussidiario.net/News/Musica-e-concerti/2008/8/2/OLIVIER-MESSIAEN-Il-compositore-che-descriveva-il-Mistero/4427/;

Resonance Phenomena in 2D on a Plane, 10 maggio 2007, in https://www.youtube.com/watch?v=Qf0t4qIVWF4;

Scoperte sul Dna in Russia, 17 febbraio 2005, in https://www.nexusedizioni.it/it/CT/scoperte-sul-dna-in-russia-2464;

Suono, in https://it.wikipedia.org/wiki/Suono;

C. VENTURA, *Suoni e cellule staminali: vibrazione mutante per il futuro della Medicina Rigenerativa*, 25 maggio 2016, in https://www.youtube.com/watch?v=SvgZX_vbrDc;

L. VERDI, *Kandinskij e la musica*, in http://users.unimi.it/gpiana/dm6/dm6kmlv.htm;

IDEM, *Quando i suoni sono colorati. La sinestesia, dalle intuizioni di Skrjabin e Kandinskij, alle teorie e forme d'arte che si sono sviluppate, da parte di tutta una generazione di musi-*

cisti, nel Novecento, in http://www.veronacontemporanea.com/index.php/quando-i-suoni-sono-colorati;
https://schillerinstitute.com;
http://www.fosar-bludorf.com.

Filmografia

Matrix, film del 1999 scritto e diretto dai fratelli Wachowski;

Sense8, serie televisiva ideata dalle sorelle Wachowski, pubblicata da Netflix dal 2015 al 2018;

Star Trek, serie televisiva ideata da Gene Roddenberry nel 1964 e prodotta nel 1966;

La vertigine di scoprirsi Dio, seminario di Vittorio Marchi registrato in Dvd (Cesena, MacroVideo, 2014).

Indice

Prefazione di *Alberto Garlini* 7

Prefazione 9

1. Suono e colore:
strumenti di magia nelle culture antiche 21
2. Suono e colore:
simboli, miti e leggende 29
3. Musica e luce nei riti 37
4. Suono e luce nei testi sacri 41
5. Dal sacro al profano 49
6. Il colore: natura, caratteristiche, curiosità 51
7. Il suono: natura, caratteristiche,
intonazioni (440 Hz e 432 Hz) 57
8. Il potere del suono:
da E.F. Chladni a Carlo Ventura 63
9. La sinestesia nel pensiero di filosofi,
musicisti, scrittori e pittori 77
10. La mente bicamerale di Julian Jaynes
e Michelangelo Buonarroti 95
11. Sinestesia e teorie esoteriche 101
12. La sinestesia 109
13. Linguaggio e Dna 119
14. Sinestesia e metafora 123
15. Sinestesia, neurologia e arte 127
16. Sinestesia e sociologia 133
17. La pineale 135
18. Il simbolismo della pineale 143

Conclusioni 145

Alcuni sinestesici famosi 151

Bibliografia 153

Sitografia 159

Filmografia 163

Gilgamesh Edizioni

ENKI – Collana di Saggistica

Riccardo Gobbi, *Dal circolo vizioso al circolo virtuoso*
Corinna Tania Gallori, *Il Monogramma dei Nomi di Gesù e Maria*
Rino Cammilleri, *Il Kattolico 3*
Roberta Lugoli, *La Mente Cosmica – Una metafisica del pensiero*
Riccardo Gobbi, *Memoria e conferme su Dio e sulla fede*
Alberto Figliolia, *El folber e altri destini – Storie e avventure di sport*
Fausto Bertolini, *Gesù e il Super-Io*
Michele Garini, *MESSA così è tutta un'altra cosa – Rito, esperienze, suggestioni*
Francesco Burlini, *Eresie ambientaliste*
Fabio Terraroli, *Leggende di Lonato*
Susanne Raweh, Roberta Arias, *Le feste comandate*
Carlo Cavazzuti, *Gladiatoria*
Giorgio Pavesi, *Leone de' Sommi hebreo e il teatro della modernità*
Christian Monti, *Viaggio critico nel Mistero – tra Cattedrali gotiche, Templari e Massoneria*
AA. VV., *La Cattedrale di Asola*
Lidia Gallico, *Una bambina in fuga – Diari e lettere di una ebrea mantovana al tempo della Shoah*
Massimo Bozzeda, *Fratelli, vi prego, chiamatelo Padre Nostro*
Fausto Bertolini, *E se Dio non ci fosse?*
Alberto Zanoni, *I temi della vita tra Sacra Bibbia e miti*
Carlo Salvoni, *La Fonte*
Dante Chizzini, *Luci e ombre nei rapporti tra Viadana e Mantova – dalle Additiones agli Statuti (1430/1724)*
Marianna Maiorino, *Il canto dell'arcobaleno: La sinestesia*
Sara Ascoli, *Cenerentola: L'inganno, l'anima e il Sang Real*

NIDABA – Collana di Filosofia

Luca Cremonesi, *La filosofia della natura nel* De incantationibus *di Pietro Pomponazzi*
Ivan Pozzoni (a cura di), *Frammenti di cultura del Novecento – Nietzsche, Vailati, Simmel, Schlick, Arendt, Zubiri, Bateson, Dell'Oro, Warburg, Dávila, Garin, Melandri raccontati da dodici filosofi contemporanei*
Primavera Fisogni, *Ontologia della speranza*

ANUNNAKI – Collana di Narrativa

Marco Zucchini, *La vuelta al perro*
Fausto Bertolini, *Negli occhi delle donne – Vita sentimentale di Cartesio*
Daniele Vazquez, *La comunità dei sogni*
Fausto Bertolini, *Telebordello – Storie da far rizzare l'antenna*
Silvia Peroni, *Cruciverbar*
Marco Pinzi, *My Sehnsucht – Diario segreto di Jonathan Tonson 1848-1850*
Maurizio Ferrante Gonzaga, *Assalto al castello*
Mariarosaria Capaccio, *Il mare all'improvviso*
Luigi Schifitto, *L'uomo con lo zainetto*
Leonardo Marzorati, *Frustrati – Uomini e donne che non hanno conosciuto l'amore*
Mauro Acquaroni, *Piccioni*
Carolina Giorgi, *La rosa di Ledmore Vale*
Anna Viale, *La camera celeste*
Ana Kramar, *Il ritorno – Storie migrabonde*
Angel Luís Galzerano, *Cronache sentimentali di un italiano a metà*
Floriano Rubiano Fila, *Appuntamento tra due anni*
Silvia Savoldi, *Occhi sul domani*

Carla Menaldo, *Il re del tango*
Fausto Silva, *Il Grande Firlinfù*
Paola Maggi, *Sagoma di cartone*
Guido Manuli, *Lassù qualcuno mi ama?*
Lisa Ben, *Chicche spudorate*
Adriano Bernasconi, *Omocrazia*
Sara Bellingeri, *Cartoline dal muro*
Stefano Iori, *La giovinezza di Shlomo*
Massimo Forte, *Peccato averla già consegnata*
Fausto Bertolini, *L'amore ai tempi del colesterolo*
Mauro Novellini, *Re infecta*
Michela Tafelli, *La stirpe di Zoltan*
Michela Tafelli, *I segreti di Zoltan*
Carla Magnani, *Acuto*
Mauro Acquaroni, *De La Tour*
Davide Rubini, *Il fischio finale*
Enrico Ratti, *Il taccuino dei dannati*
Leone di Candia, *Panama Caffè*
Antonio Della Rocca, *La bambina in rosso*
Augusto Bolther, *L'assedio di Asola, 1516 – La morte di Riccino Daina, 1522*
Marisa Pezzella, *Freddo fuoco bruciato*
Elena Aldi, *L'anima viola*
Ruco Magnoli, *Sharon trova*
Lidia Masci, *Anno bisestile*
Alberto Pizzi, *Il compito*
Alessandro Rampini, *Una vita non mi basta*
Luca Bonaffini, Renato Bottura, *Sognatori feriti*
Angel Luís Galzerano, *Storie lunghe una canzone*
Carlo Salvoni, *Menamato – Storie di un cane a tre zampe*
Ruco Magnoli, *Sharon pesca*
Sara Pellucchi, *Foschie*
Fausto Bertolini, *Il caso Satanas*

Roberta Di Falco, *Lo strano dono di Sara*
Mauro Novellini, *Nella legione di confine*
Otto, *Rêves*
Celine Finco, *Due razze*
Marzia Elisabetta Polacco, *Lei era il nome*
Riccardo Bassi, *La nostra prima vera estate*
Giulia Deon, *Novelle in decrescendo*
Marco Triana, *Nilhotel*
Ruco Magnoli, *Sharon vola*
Maurizio Salva, *Omicidio in Cittadella*
Alessandra Perugini, *Blu oceano*
Angela Biondi, *La stirpe del Drago – Il risveglio dell'antico Signore*
Francesco De Siena, *Le variazioni degli spiriti*
Carla Menaldo, *Rosastrega*
Alberto Costantini, *Le astronavi di Cesare*
Chiara Donà, *In ognuno di noi*
Erminio Giavini, *Con un capello biondo si può vincere il premio Nobel*
Genny Sabbadini, *Ovunque sei*
Alessia Moneta, *Dagli occhi di Alice*
Milena Ziletti, *Visano e la maledizione del rogo*
Neronte, *La Vedova Grigia*
Antonella Presutti, *Nevica poco e male*
Alberto Sogliani, *Una squadra lunga dieci anni*
Florino Rubiano Fila, *Di veleno e di sogno*
Luca Bonaffini, *Eterni secondi*
Mauro Acquaroni, *L'Utile – à la recherche de –*
Emiliano Caiani, *Criminose illusioni – Delitti e destini –*
Luca Pipitone, *Papao*
Pierangela Rubes, *Donne in silenzio*
Augusto Bolther, *I racconti del sabato*
Marisa Gianotti, *La collana di Miràm*
Ruco Magnoli, *Sharon scia*

Ruco Magnoli, *Sharon protegge*
Luigi Schifitto, *Delitti di stagione*
Gilberto Cavicchioli, *Mosaico*
Ruco Magnoli, *Sharon studia*
Lidia Masci, *Le ali di Alì*
Ruco Magnoli, *Sharon alleva*
Ruco Magnoli, *Sharon balnea*
Ruco Magnoli, *Sharon villeggia*
Ana Danca, *Patrie interiori*
Eliana Fusai, *Il tempo dell'anima*
Luca Ragazzini, *Le misturanze – Dormiveglia irlandese*
Nadia Bellini, *Un cancello a chiudere il vento*
Silvia Peroni, *Gatti, Stregatti e Aristogatti*
Sergio Rossi, *Una questione di naso*
Ruco Magnoli, *Sharon ritorna*
Ruco Magnoli, *Sharon suona*
Alessandro Gianesini, *La brigata della speranza*
Monica Ferraioli, *Cenerentola oggi calzerebbe il 41*
Guendalina Bosio, *Destinazione felicità*
Luca "Splash" Guarneri, *Sigla*
Maristella Bonomo, *Navel*

INANNA – Romanzi Rosa

Veronica Scalmazzi, *Per sempre tu*
Jessica Guarnaccia, *Se mi ami non vale*
Carolina Giorgi, *Ucciderò Jaqueline Mercier*
Laura Pellegrini, *Prima che faccia buio*
Arianna Gallo, *La mia rivincita*
Sonia Gimor, *La mia gara con te*
Valentina Florio, *Imperfetti*
Marta Pilesi, *All of me*

Sonia Gimor, *La mia vita con te*
Sonia Gimor, *Tra le pagine di un libro*
Tiziana Lia, *Pericolosamente tu*
Jessica Guarnaccia, *Facile come innamorarsi*
Ingrid Rivi, *Questioni di scelta*

ISHTAR – Collana di Poesia

Ana Kramar, *Il passaggio fra le mani*
Ivana Magri, *Echi d'anima*
Augusto Bolther, *Labirinti di luce*
Andrea Garbin, *Croce del Sud*
Giulia Deon, *Piccolo Bestiaire*
Paolo Savani, *La ricerca dell'aria dalla A alla Z*
Giulia Deon, *Omaggio naturale*
Monica Palma, *Senza fini di logos*
Carlo De Raffaele, *Luci notturne*
Giulia Deon, *Poesie a regola d'arte*
Carlo Sturani, *suonoSettenari*
Emidio Montini, *I Vecchi di Colono*
Andrea Garbin, *Genesi dei sensi*
Floriano Rubiano Fila, *L'osteria del tempo che passa*
Emidio Montini, *Cronache dalla macchia*
Giulia Deon, *Variazione sui temi*
Carlo Sturani, *Cometa – Uno sguardo sul mondo*
Lina Luraschi, *Scucita voce*
Luca De Risi, *L'acqua bassa delle rive*
AA. VV., *Antologia Premio Naz. di Poesia Terre di Virgilio 2015*
Gianluca Moro, *I poeti non sanno scrivere*
Massimo Padua, *Con pelle di spine*
Manuel Paolino, *Carmina Lapidea*
Giorgio Bolla, *La quintessenza del gioco*

Lara Lorenzini, *In rebus*
Emidio Montini, *Il tempo e le maree*
Nadia Alberici, *Terre incolte*
Lilli Sanna, *Foglie d'ortica*
Alessandra Chiavegatti, *Dietro agli occhi in fondo all'anima*
AA. VV., *Antologia Premio Naz. di Poesia Terre di Virgilio 2016*
Gabriella Montanari, *Si chiude da sé*
Giorgio Corvi, *Antologia*
Emidio Montini, *Nostalgia del padre*
Massimo Novaga, *Sguardo sul nuovo mondo*
Maurizio Salva, *Così*
Massimo Padua, *Il contrario della meteora*
Mattia Venturini, *Il teatro delle attese*
Carlo Sturani, *Alci*
Simonetta Fantoni, *Ricreazione*
Marjio Durmishi, *Aral*
Anna Vercesi, *Mi t'aspet chi*
Anna Vercesi, *Trasparendo*
AA. VV., *Poesia – La vertigine della bellezza*
AA. VV., *Antologia Premio Naz. di Poesia Terre di Virgilio 2017*
Floriano Rubiano Fila, *La ballata di via degli Orti e altre anomalie*
Maurizio Maffezzoni, *Passione di un arrogante innocente*
Ruggero Campagnoli, *Sonetti da tavola I. Per Liana* (nuova versione)
Ruggero Campagnoli, *Sonetti da tavola VIII. Per Sara*
Ruggero Campagnoli, *Sonetti da tavola IX. Per Tessa*
Laura Coghi, *La dolce amazzone giapponese e il giardiniere della piccola bellezza*
Emanuela Dalla Libera, *Lo sguardo altrove*
Paolo Bartalini, *Piccola corrispondenza fuori sacco*
Domenico Perigni, *Orlando Magno e la testa tagliata*
Simone De Bernardin, *Porpora e amaranto*
AA. VV., *Young Poetry*

AA. VV., *Antologia Premio Naz. di Poesia Terre di Virgilio 2018*
Claudio Fraccari, *Nittalopìa*
Marilucia Dui, *Briciole sparse*
Rodolfo Vettorello, *Rondini a Milano*

LE ZANZARE – Poesia scelta

Nenad Glišić, *Nella pancia della bestia*
Beppe Costa, *La terra (non è) il cielo!*
Ivana Maksić, *La mia paura di essere schiava*
Alejandro Murguía, *Offerte di carta*
Basir Ahang, *Sogni di tregua*
Leyla Patricia Quintana Marxelly, *Questo amore, più forte del tuo silenzio*
Serse Cardellini, *Dell'inutile*
Alessandra Bava, *A rima armata*
Benny Nonasky, *La città delle mosche*
Xanáth Caraza, *Le sillabe del vento*

POETHREE – Collana di Gemellaggi poetici

1) Andrea Garbin, Rosana Crispim Da Costa, Viorel Boldis – Poetre (një vibrim dallgëzues flatrash – una vibrazione ondeggiante delle ali) – Traduzione e introduzione di Valbona Jakova
2) Valeria Raimondi, Beppe Costa, Jack Hirschman – Poetre II – Traduzione e introduzione di Valbona Jakova

AN – Collana per bambini e ragazzi

Loredana Rossetti, *La principessa del parco*

Susanne Raweh, *La storia della nonna bambina – La Shoah raccontata ai bambini*
Silvia Ziliani, Silvia Spagnoli, *Mina, piccola e potente cacciatrice*
Felice Carlo Ferrara, Helga Micari, Chiara Anicito, *Il Regno di Golosonia*
Alunni "Casa dei Bambini", *La ballata di Fortunata*
Milena Ziletti, *Reston, l'unicorno dorato*
Carlo Salvoni, *Cavalletti e cavalli*
Silvia Spagnoli, *Prove di volo*
Hans Christien Andersen, *Il porcellino salvadanaio*
Carlo Salvoni, *Zooinferno*
Carmela Mantegna, *L'Albero di Salomone*
Milena Ziletti, *Reston e il ritorno dei Cronnis*
Milena Ziletti, *Reston e le lacrime del drago*
Antonella Astori, *Orsetto, dove sei?*
Sara Pellucchi, *Contrariolandia*
Annalisa Molaschi, *TVB Benedetta*

FUORI COLLANA

Victor Togliani, *Funzioni non verbali – Vivere giocando con una matita in tasca*
Milena Del Vecchio, *Vittoria un grande dono*
Orietta Ravenna, *Il filo della danza*
Silvia Savoldi, *Io faccio così – Manuale di autoproduzione*
Mario Bonanno, *La protesta e l'amore – Conversazioni con Luca Bonaffini* (contiene un Audio CD)
Sara Galli, *Quadretti portoghesi – Con pennellate ebraiche*
Marinella Mazzola, *La semplicità in cucina*
Emanuela Guidorizzi Palastrelli, *Il mio amatissimo carnevale*
Marco Maffiolini, *L'aqua ca l'ha fai tri tom*

www.ingramcontent.com/pod-product-compliance
Lightning Source LLC
LaVergne TN
LVHW090352051026
849518LV00006B/2119